BRITISH RAILWAYS POCKET BOOK No.2

COACHING STOCK

TWENTY-EIGHTH EDITION
2004

The complete guide to all
Locomotive-Hauled Coaches which
operate on National Rail

Peter Fox & Peter Hall

PLATFORM 5

ISBN 1 902336 33 X

© 2003. Platform 5 Publishing Ltd., 3 Wyvern House, Sark Road, Sheffield, S2 4HG, England.

All rights reserved. No part of this publication may be reproduced in any form or transmitted in any form by any means electronic, mechanical, photocopying, recording or otherwise without the prior permission of the publisher.

CONTENTS

Provision of Information 2
Updates 2
Britain's Railway System 3
Introduction 6
The Development of BR Standard Coaches 10
1. BR Number Series Passenger Stock 12
2. High Speed Train Trailer Cars 57
3. Saloons 68
4. Pullman Car Company Series 71
5. Passenger Coaching Stock Awaiting Disposal 74
6. 99xxx Range Conversion Table 75
7. Preserved Locomotives Support Coaches Table 75
8. Non-Passenger-Carrying Coaching Stock 76
9. Service Stock 99
10. NPCCS Awaiting Disposal 106
11. Codes used in this book 108
    11.1. Livery Codes 108
    11.2. Owner Codes 109
    11.3. Operation Codes 110
    11.4. Allocation & Location Codes 110
    Abbreviations 111

PROVISION OF INFORMATION

This book has been compiled with care to be as accurate as possible, but in some cases official information is not available and the publisher cannot be held responsible for any errors or omissions. We would like to thank the companies and individuals which have been co-operative in supplying information to us. The authors of this series of books will be pleased to receive notification from readers of any inaccuracies readers may find in the series, and notification of any additional information to supplement our records and thus enhance future editions is always welcome. Please send comments to:

Peter Hall, 4 Ladies Spring Court, Ladies Spring Grove, Dore, Sheffield, S17 3LR.
Tel: 0114 262 0693 Fax: 0114 236 5693.
e-mail: peter@hall59.freeserve.co.uk

Both the authors and the staff of Platform 5 regret they are unable to answer specific queries regarding locomotives and rolling stock.

This book is updated to 17 November 2003.

UPDATES

An update to all the books in the *British Railways Pocket Book* series is published every month in the Platform 5 magazine, **entrain**, which contains news and rolling stock information on the railways of Britain and Ireland. For further details of **entrain**, please see the advertisements in this book.

BRITAIN'S RAILWAY SYSTEM

INFRASTRUCTURE & OPERATION

Britain's national railway infrastructure is now owned by a "not for dividend" company, Network Rail, following the demise of Railtrack. Many stations and maintenance depots are leased to and operated by Train Operating Companies (TOCs), but some larger stations remain under Network Rail control. The only exception is the infrastructure on the Isle of Wight, which is nationally owned and is leased to the Island Line franchisee.

Trains are operated by TOCs over Network Rail, regulated by access agreements between the parties involved. In general, TOCs are responsible for the provision and maintenance of the locomotives, rolling stock and staff necessary for the direct operation of services, whilst Network Rail is responsible for the provision and maintenance of the infrastructure and also for staff needed to regulate the operation of services.

DOMESTIC PASSENGER TRAIN OPERATORS

The large majority of passenger trains are operated by the TOCs on fixed term franchises. Franchise expiry dates are shown in parentheses in the list of franchisees below:

Franchise	Franchisee	Trading Name
Anglia Railways[2]	GB Railways plc. (until 4 April 2004)	Anglia Railways
Central Trains	National Express Group plc (until 1 April 2006)	Central Trains
Chiltern Railways	M40 Trains Ltd. (until December 2021)	Chiltern Railways
Cross-Country[1]	Virgin Rail Group Ltd. (until March 2012)	Virgin Trains
Gatwick Express	National Express Group plc (until 27 April 2011)	Gatwick Express
Great Eastern Railway[2]	First Group plc (until 4 April 2004)	First Great Eastern
Great Western Trains	First Group plc (until 3 February 2006)	First Great Western
InterCity East Coast	GNER Holdings Ltd. (until 4 April 2005)	Great North Eastern Railway
InterCity West Coast[1]	Virgin Rail Group Ltd. (until 8 March 2012)	Virgin Trains
Island Line	Stagecoach Holdings plc (until February 2007)	Island Line
LTS Rail	National Express Group plc (until 25 May 2011)	c2c
Merseyrail Electrics[3]	Serco/NedRail (until 20 July 2028)	Merseyrail Electrics

BRITAIN'S RAILWAY SYSTEM

Midland Main Line	National Express Group plc (until 27 April 2008)	Midland Mainline
North London Railways	National Express Group plc (until 1 September 2006)	Silverlink Train Services
North West Regional Railways[4]	First Group plc (until 1 April 2004)	First North Western
Regional Railways North East[4]	Arriva Trains Ltd	Arriva Trains Northern
ScotRail	National Express Group plc (until 30 September 2004)	ScotRail
South Central	GoVia Ltd. (Go-Ahead/Keolis). (until May 2010)	South Central
South Eastern[5]		South Eastern Trains
South West	Stagecoach Holdings plc (until 3 February 2007)	South West Trains
Thames[6]	Go-Ahead Group (until 31 March 2004)	Thames Trains
Thameslink	GoVia Ltd. (until 1 April 2006)	Thameslink Rail
Wales & Borders[7]	National Express Group plc (until 6 December 2003)	Wales & Borders Trains
Wessex Trains	National Express Group plc (until 30 April 2006)	Wessex Trains
West Anglia Great Northern[8]	National Express Group plc (until 4 April 2004)	WAGN

Notes:

[1] Franchise to be renegotiated by April 2004.

[2] Due to transfer to new Greater Anglia franchise, expected to be formed in April 2004.

[3] Now under control of Merseyrail PTE instead of the Strategic Rail Authority (SRA). Franchise due to be reviewed after seven years and then every five years to fit in with Merseyside Local Transport Plan.

[4] Urban and rural services currently run by Arriva Trains Northern and First North Western are due to transfer to the new Northern franchise in late 2004. Trans-Pennine services run by these operators will be taken over by the new Trans-Pennine Express franchise on 1 February 2004.

[5] New interim management company known as South Eastern Trains (SET) formed on 9 November 2003, pending award of new Integrated Kent franchise expected in early 2005. SET is a subsidiary of the SRA.

[6] Due to transfer to First Group on 1 April 2004 for two years.

[7] Arriva Trains Ltd due to take over from National Express Group on 7 December 2003 for 15 years.

[8] West Anglia half of WAGN due to transfer to new Greater Anglia franchise. A number of options are being considered for Great Northern services, including transfer to another franchise.

BRITAIN'S RAILWAY SYSTEM

A major reorganisation of franchises is under way. See **entrain** for developments.

The following operators run non-franchised services only:

Operator	Trading Name	Route
British Airports Authority	Heathrow Express	London Paddington–Heathrow Airport
Hull Trains	Hull Trains	London King's Cross–Hull
West Coast Railway Co.	West Coast Railway	Fort William–Mallaig*
		York–Scarborough*

* Special summer-dated services only.

INTERNATIONAL PASSENGER OPERATIONS

Eurostar (UK) operates international passenger-only services between the United Kingdom and continental Europe, jointly with French National Railways (SNCF) and Belgian National Railways (SNCB/NMBS). Eurostar (UK) is a subsidiary of London & Continental Railways, which is jointly owned by National Express Group plc and British Airways.

In addition, a service for the conveyance of accompanied road vehicles through the Channel Tunnel is provided by the tunnel operating company, Eurotunnel.

FREIGHT TRAIN OPERATIONS

The following operators operate freight train services under 'Open Access' arrangements:

English Welsh & Scottish Railway Ltd (EWS).
Freightliner Ltd.
GB Railfreight Ltd. (now owned by First Group)
Direct Rail Services Ltd.

INTRODUCTION

LAYOUT OF INFORMATION

Coaches are listed in numerical order of painted number in batches according to type.

Each coach entry is laid out as in the following example (former number column may be omitted where not applicable):

No.	Prev. No.	Notes	Livery	Owner	Operation	Depot/Location
42348	(41073)	*	**FG**	A	*GW*	LA

DETAILED INFORMATION & CODES

Under each type heading, the following details are shown:

- 'Mark' of coach (see below).
- Descriptive text.
- Number of first class seats, standard class seats, lavatory compartments and wheelchair spaces shown as F/S nT nW respectively.
- Bogie type (see below).
- Additional features.
- ETH Index.

TOPS TYPE CODES

TOPS type codes are allocated to all coaching stock. For vehicles numbered in the passenger stock number series the code consists of:

(1) Two letters denoting the layout of the vehicle as follows:

- AA Gangwayed Corridor
- AB Gangwayed Corridor Brake
- AC Gangwayed Open (2+2 seating)
- AD Gangwayed Open (2+1 seating)
- AE Gangwayed Open Brake
- AF Gangwayed Driving Open Brake
- AG Micro-Buffet
- AH Brake Micro-Buffet
- AI As 'AC' but with drop-head buckeye and gangway at one end only
- AJ Restaurant Buffet with Kitchen
- AK Kitchen Car
- AL As 'AC' but with disabled person's toilet (Mark 4 only)
- AN Miniature Buffet
- AP Pullman First with Kitchen
- AQ Pullman Parlour First
- AR Pullman Brake First
- AS Sleeping Car
- AT Royal Train Coach

INTRODUCTION

AU Sleeping Car with Pantry
AV Mark 4 Barrier Vehicle
AW EMU Translator vehicle
AX Generator Van (1000 V DC)
AZ Special Saloon
GS HST Barrier Vehicle
NW Desiro Barrier Vehicle

(2) A digit denoting the class of passenger accommodation:

1	First	4	Unclassified
2	Standard (formerly second)	5	None
3	Composite (first & standard)		

(3) A suffix relating to the build of coach.

1	Mark 1	C	Mark 2C	G	Mark 3 or 3A
Z	Mark 2	D	Mark 2D	H	Mark 3B
A	Mark 2A	E	Mark 2E	J	Mark 4
B	Mark 2B	F	Mark 2F		

OPERATING CODES

Operating codes used by train company operating staff (and others) to denote vehicle types in general. These are shown in parentheses adjacent to TOPS type codes. Letters used are:

B	Brake	K	Side corridor with lavatory
C	Composite	O	Open
F	First Class	S	Standard Class (formerly second)

Various other letters are in use and the meaning of these can be ascertained by referring to the titles at the head of each type.

Readers should note the distinction between an SO (Open Standard) and a TSO (Tourist Open Standard) The former has 2+1 seating layout, whilst the latter has 2+2.

BOGIE TYPES

BR Mark 1 (BR1). Double bolster leaf spring bogie. Generally 90 m.p.h., but Mark 1 bogies may be permitted to run at 100 m.p.h. with special maintenance. Weight: 6.1 t.

BR Mark 2 (BR2). Single bolster leaf-spring bogie used on certain types of non-passenger stock and suburban stock (all now withdrawn). Weight: 5.3 t.

COMMONWEALTH (C). Heavy, cast steel coil spring bogie. 100 m.p.h. Weight: 6.75 t.

B4. Coil spring fabricated bogie. Generally 100 m.p.h., but B4 bogies may be permitted to run at 110 m.p.h. with special maintenance. Weight: 5.2 t.

B5. Heavy duty version of B4. 100 m.p.h. Weight: 5.3 t.

B5 (SR). A bogie originally used on Southern Region EMUs, similar in design to B5. Now also used on locomotive hauled coaches. 100 m.p.h.

BT10. A fabricated bogie designed for 125 m.p.h. Air suspension.

T4. A 125 m.p.h. bogie designed by BREL (now Bombardier Transportation).

BT41. Fitted to Mark 4 vehicles, designed by SIG in Switzerland. At present limited to 125 m.p.h., but designed for 140 m.p.h.

BRAKES

Air braking is now standard on British main line trains. Vehicles with other equipment are denoted:

v   Vacuum braked.
x   Dual braked (air and vacuum).

HEATING & VENTILATION

Electric heating and ventilation is now standard on British main-line trains. Certain coaches for use on charter services may also have steam heating facilities, or be steam heated only.

PUBLIC ADDRESS

It is assumed all coaches are now fitted with public address equipment, although certain stored vehicles may not have this feature. In addition, it is assumed all vehicles with a conductor's compartment have public address transmission facilities, as have catering vehicles.

COOKING EQUIPMENT

It is assumed that Mark 1 catering vehicles have gas powered cooking equipment, whilst Mark 2, 3 and 4 catering vehicles have electric powered cooking equipment unless stated otherwise.

ADDITIONAL FEATURE CODES

d	Secondary door locking.
dg	Driver–Guard communication equipment.
f	Facelifted or fluorescent lighting.
k	Composition brake blocks (instead of cast iron).
n	Day/night lighting.
p	Public telephone.
pg	Public address transmission and driver-guard communication.
pt	Public address transmission facility.
q	Catering staff to shore telephone.
w	Wheelchair space.
z	Disabled persons' toilet.

Standard class coaches with wheelchair space also have one tip-up seat per space.

INTRODUCTION

NOTES ON ETH INDICES

The sum of ETH indices in a train must not be more than the ETH index of the locomotive. The normal voltage on British trains is 1000 V. Suffix 'X' denotes 600 amp wiring instead of 400 amp. Trains whose ETH index is higher than 66 must be formed completely of 600 amp wired stock. Class 33 and 73 locomotives cannot provide a suitable electric train supply for Mark 2D, Mark 2E, Mark 2F, Mark 3, Mark 3A, Mark 3B or Mark 4 coaches. Class 55 locomotives provide an e.t.s. directly from one of their traction generators into the train line. Consequently voltage fluctuations can result in motor-alternator flashover. Thus these locomotives are not suitable for use with Mark 2D, Mark 2E, Mark 2F, Mark 3, Mark 3A, Mark 3B or Mark 4 coaches unless modified motor-alternators are fitted. Such motor alternators were fitted to Mark 2D and 2F coaches used on the East Coast main line, but few remain fitted.

BUILD DETAILS

Lot Numbers
Vehicles ordered under the auspices of BR were allocated a lot (batch) number when ordered and these are quoted in class headings and sub-headings.

Builders
These are shown in class headings, the following designations being used:

Ashford	BR, Ashford Works.
BRCW	Birmingham Railway Carriage & Wagon Company., Smethwick, Birmingham.
BREL Derby	BREL, Derby Carriage Works (later ABB/Adtranz Derby, now Bombardier Derby).
Charles Roberts	Charles Roberts and Company., Horbury, Wakefield (now Bombardier Transportaion).
Cravens	Cravens, Sheffield.
Derby	BR, Derby Carriage Works (later BREL Derby, then ABB / Adtranz Derby, now Bombardier Derby).
Doncaster	BR, Doncaster Works (later BREL Doncaster, then BRML Doncaster, then ABB/Adtranz Doncaster, now Bombardier)
Eastleigh	BR, Eastleigh Works (later BREL Eastleigh, then Wessex Traincare, now Alstom Eastleigh).
Glasgow	BR Springburn Works, Glasgow (now Alstom, Glasgow)
Gloucester	The Gloucester Railway Carriage & Wagon Co.
Hunslet-Barclay	Hunslet Barclay, Kilmarnock Works
Metro-Cammell	Metropolitan-Cammell, Saltley, Birmingham (later GEC-Alsthom Birmingham, now Alstom Birmingham).
Pressed Steel	Pressed Steel, Linwood.
Swindon	BR Swindon Works
Wolverton	BR Wolverton Works (later BREL Wolverton then Railcare, Wolverton, now Alstom Wolverton).
York	BR, York Carriage Works (later BREL York, then ABB York).

Information on sub-contracting works which built parts of vehicles e.g. the underframes etc. is not shown.

INTRODUCTION

In addition to the above, certain vintage Pullman cars were built or rebuilt at the following works:

Metropolitan Carriage & Wagon Company, Birmingham (Now Alstom)
Midland Carriage & Wagon Company, Birmingham
Pullman Car Company, Preston Park, Brighton

Conversions have also been carried out at the Railway Technical Centre, Derby, LNWR, Crewe and Blakes Fabrications, Edinburgh.

Vehicle Numbers

Where a coach has been renumbered, the former number is shown in parentheses. If a coach has been renumbered more than once, the original number is shown first in parentheses, followed by the most recent previous number. Where the former number of a coach due to be converted or renumbered is known and the conversion and/or renumbering has not yet taken place, the coach is listed under both current number (with depot allocation) and under new number (without allocation).

Numbering Systems

Seven different numbering systems were in use on BR. These were the BR series, the four pre-nationalisation companies' series', the Pullman Car Company's series and the UIC (International Union of Railways) series. BR number series coaches and former Pullman Car Company series are listed separately. There is also a separate listing of 'Saloon' type vehicles which are registered to run on National Rail. Please note the Mark 2 Pullman vehicles were ordered after the Pullman Car Company had been nationalised and are therefore numbered in the BR series.

THE DEVELOPMENT OF BR STANDARD COACHES

The standard BR coach built from 1951 to 1963 was the Mark 1. This type features a separate underframe and body. The underframe is normally 64 ft. 6 in. long, but certain vehicles were built on shorter (57 ft.) frames. Tungsten lighting was standard and until 1961, BR Mark 1 bogies were generally provided. In 1959 Lot No. 30525 (TSO) appeared with fluorescent lighting and melamine interior panels, and from 1961 onwards Commonwealth bogies were fitted in an attempt to improve the quality of ride which became very poor when the tyre profiles on the wheels of the BR1 bogies became worn. Later batches of TSO and BSO retained the features of Lot No. 30525, but compartment vehicles – whilst utilising melamine panelling in standard class – still retained tungsten lighting. Wooden interior finish was retained in first class vehicles where the only change was to fluorescent lighting in open vehicles (except Lot No. 30648, which had tungsten lighting). In later years many Mark 1 coaches had BR 1 bogies replaced by B4.

In 1964, a new prototype train was introduced. Known as 'XP64', it featured new seat designs, pressure heating & ventilation, aluminium compartment doors and corridor partitions, foot pedal operated toilets and B4 bogies. The vehicles were built on standard Mark 1 underframes. Folding exterior doors were fitted, but these proved troublesome and were later replaced with hinged

INTRODUCTION

doors. All XP64 coaches have been withdrawn, but some have been preserved.

The prototype Mark 2 vehicle (W 13252) was produced in 1963. This was an FK of semi-integral construction and had pressure heating & ventilation, tungsten lighting, and was mounted on B4 bogies. This vehicle has been preserved by the National Railway Museum and is currently stored at MoD Kineton DM. The production build was similar, but wider windows were used. The TSO and SO vehicles used a new seat design similar to that in the XP64 and fluorescent lighting was provided. Interior finish reverted to wood. Mark 2 vehicles were built from 1964–66.

The Mark 2A design, built 1967–68, incorporated the remainder of the features first used in the XP64 coaches, i.e. foot pedal operated toilets (except BSO), new first class seat design, aluminium compartment doors and partitions together with fluorescent lighting in first class compartments. Folding gangway doors (lime green coloured) were used instead of the traditional one-piece variety.

The following list summarises the changes made in the later Mark 2 variants:

Mark 2B: Wide wrap around doors at vehicle ends, no centre doors, slightly longer body. In standard class, one toilet at each end instead of two at one end as previously. Red folding gangway doors.

Mark 2C: Lowered ceiling with twin strips of fluorescent lighting and ducting for air conditioning, but air conditioning not fitted.

Mark 2D: Air conditioning. No opening top-lights in windows.

Mark 2E: Smaller toilets with luggage racks opposite. Fawn folding gangway doors.

Mark 2F: Plastic interior panels. Inter-City 70 type seats. Modified air conditioning system.

The Mark 3 design has BT10 bogies, is 75 ft. (23 m.) long and is of fully integral construction with Inter-City 70 type seats. Gangway doors were yellow (red in RFB) when new, although these are being changed on refurbishment. Loco-hauled coaches are classified Mark 3A, Mark 3 being reserved for HST trailers. A new batch of FO and BFO, classified Mark 3B, was built in 1985 with Advanced Passenger Train-style seating and revised lighting. The last vehicles in the Mark 3 series were the driving brake vans built for West Coast Main Line services.

The Mark 4 design was built by Metro-Cammell for use on the East Coast Main Line after electrification and features a body profile suitable for tilting trains, although tilt is not fitted, and is not intended to be. This design is suitable for 140 m.p.h. running, although is restricted to 125 m.p.h. because the signalling system on the route is not suitable for the higher speed. The bogies for these coaches were built by SIG in Switzerland and are designated BT41. Power operated sliding plug exterior doors are standard.

1. BR NUMBER SERIES PASSENGER STOCK

AJ11 (RF)   RESTAURANT FIRST

Mark 1. Spent most of its life as a Royal Train vehicle and was numbered 2907 for a time. Built with Commonwealth bogies, but B5 bogies substituted. 24/–. ETH 2.

Lot No. 30633 Swindon 1961. 41 t.

325   **PC** VS *SS*   SL

AP1Z (PFK)   PULLMAN FIRST WITH KITCHEN

Mark 2. Pressure Ventilated. Seating removed and replaced with servery. 2T. B5 bogies. ETH 6.   Lot No. 30755 Derby 1966. 40 t.

504	**PC** WC *SS*	CS	ULLSWATER
506	**PC** WC *SS*	CS	WINDERMERE

AQ1Z (PFP)   PULLMAN PARLOUR FIRST

Mark 2. Pressure Ventilated. 36/– 2T. B4 bogies. ETH 5.

Lot No. 30754 Derby 1966. 35 t.

546	**PC** WC *SS*	CS	CONISTON WATER
548	**PC** WC *SS*	CS	GRASMERE
549	**PC** WC *SS*	CS	BASSENTHWAITE LAKE
550	**PC** WC *SS*	CS	RYDAL WATER
551	**PC** WC *SS*	CS	BUTTERMERE
552	**PC** WC *SS*	CS	ENNERDALE WATER
553	**PC** WC *SS*	CS	CRUMMOCK WATER

AR1Z (PFB)   PULLMAN BRAKE FIRST

Mark 2. Pressure Ventilated. 30/– 2T. B4 bogies. ETH 4.

Lot No. 30753 Derby 1966. 35 t.

586   **PC** WC *SS*   CS   DERWENTWATER

AJ21 (RG)   GRIDDLE CAR

Mark 1. Rebuilt from RF. –/30. B5 bogies. ETH 2.

This vehicle was numbered DB975878 for a time when in departmental service for British Railways.

Lot No. 30013 Doncaster 1952. Rebuilt Wolverton 1965. 40 t.

| 1105 | (302) | v | **G** | MH | *SS* | RL |

AJ1F (RFB)   BUFFET OPEN FIRST

Mark 2F. Air conditioned. Converted 1988–9/91 at BREL, Derby from Mark 2F FOs. 1200/1/3/6/11/14–16/20/21/50/2/5/6/9 have Stones equipment, others have Temperature Ltd. 25/– 1T 1W (except 1253 which is 26/– 1T). B4 bogies. p. q. d. ETH 6X.

1200/3/6/**11**/**14**/**16**/20/52/5/6. Lot No. 30845 Derby 1973. 33 t.
1201/4/5/7/8/10/12/**13**/**15**/**18**/**21**/**50**/1/**4**/**8**/60. Lot No. 30859 Derby 1973–74. 33 t.
1202/9/53/8. Lot No. 30873 Derby 1974–75. 33 t.

† Fitted with new m.a. sets.
b In use as a Pendolino barrier vehicle.

Notes:

1200/03/60 are leased to Riviera Trains.
1211/21/56 are leased to Fragonset Railways.

1200	(3287, 6459)	†		**RV**	H	*SS*	OM
1201	(3361, 6445)			**V**	H		TM
1202	(3436, 6456)	†		**V**	H		KT
1203	(3291)	†			H	*SS*	OM
1204	(3401)	†		**V**	H		PY
1205	(3329, 6438)	†		**V**	H		KT
1206	(3319)	†		**V**	H		CP
1207	(3328, 6422)	†		**V**	H		KT
1208	(3393)			**V**	H		KT
1209	(3437, 6457)	†		**V**	H		KT
1210	(3405, 6462)	†		**V**	H		KT
1211	(3305)				H	*SS*	DY
1212	(3427, 6453)	†		**V**	H		KT
1213	(3419)	†		**V**	H		KT
1214	(3317, 6433)			**AR**	H	*AR*	NC
1215	(3377)			**AR**	H	*AR*	NC
1216	(3302)	†		**V**	H		KT
1218	(3332)			**AR**	H	*AR*	NC
1219	(3418)			**AR**	H	*AR*	NC
1220	(3315, 6432)	†		**CS**	H	*SR*	IS
1221	(3371)				H	*SS*	DY
1250	(3372)	†		**V**	H		KT
1251	(3383)	†		**V**	H		KT
1252	(3280)	†		**V**	H		KT
1253	(3432)	†		**V**	H		KT
1254	(3391)	†		**V**	H		KT
1255	(3284)	†		**V**	H		KT
1256	(3296)	†			H	*SS*	DY
1258	(3322)	†b		**V**	H	*FL*	CP

1259	(3439)	†	**V** H		KT
1260	(3378)	†	**V** H	*SS*	CP

AK51 (RKB)   KITCHEN BUFFET

Mark 1. No seats. B5 bogies. ETH 1.

Lot No. 30624 Cravens 1960–61. 41 t.

1566   **VN** VS   *SS*   CP

AJ41 (RBR)   RESTAURANT BUFFET

Mark 1. Built with 23 loose chairs. All remaining vehicles refurbished with 23 fixed polypropylene chairs and fluorescent lighting. ETH 2 (2X*). 1683/92/99 were further refurbished with 21 chairs, payphone, wheelchair space and carpets.

s Modified for use as servery vehicle with seating removed.

1651–1699. Lot No. 30628 Pressed Steel 1960–61. Commonwealth bogies. 39 t.
1730. Lot No. 30512 BRCW 1960–61. B5 bogies. 37 t.

Non-standard Liveries:
1651, 1683 and 1699 are Oxford blue.

1651		**O**	RV		CP	1683 s	**O**	RV *SS*	OM
1658		**BG**	E	*SS*	OM	1692 s	**CH**	RV *SS*	CP
1659 s		**PC**	WT	*SS*	OM	1696	**G**	E *SS*	BN
1671 x*		**M**	E	*SS*	OM	1698 s	**GC**	E *SS*	BN
1674			E		BN	1699 s	**O**	RV *SS*	OM
1679 s		**GC**	E	*SS*	BN	1730 x	**M**	BK *SS*	BT
1680 *s		**GC**	E	*SS*	BN				

AN2F (RSS)   SELF-SERVICE BUFFET CAR

Mark 2F. Air conditioned. Temperature Ltd. equipment. Inter-City 70 seats. Converted 1974 from a Mark 2F TSO as a prototype self-service buffet for APT-P. Sold to Northern Ireland Railways 1983 and regauged to 5'3". Since withdrawn, repatriated to Great Britain and converted back to standard gauge. –/24. B5 bogies. ETH 12X.

Lot No. 30860 Derby 1973–74. 33 t.

1800   (5970, NIR546)   **PC** WT *SS*   OM

AN21 (RMB)   MINIATURE BUFFET CAR

Mark 1. –/44 2T. These vehicles are basically an open standard with two full window spaces removed to accommodate a buffet counter, and four seats removed to allow for a stock cupboard. All remaining vehicles now have fluorescent lighting. Commonwealth bogies. ETH 3.

1813–1832. Lot No. 30520 Wolverton 1960. 38 t.
1840–1842. Lot No. 30507 Wolverton 1960. 37 t.
1859–1863. Lot No. 30670 Wolverton 1961–62. 38 t.

1882. Lot No. 30702 Wolverton 1962. 38 t.

1842 has been refurbished and fitted with a microwave oven and payphone.

Note: 1861 is leased to Vintage Trains.

1813	x	**M**	E	*SS*	OM	1860	x	**M**	WC	*SS*	CS
1832	x	**G**	E	*SS*	BN	1861	x	**CH**	WC	*SS*	TM
1840	v	**G**	MH	*SS*	RL	1863	x	**CH**	RV	*SS*	CP
1842	x	**RV**	H	*SS*	CP	1882	x	**M**	WC	*SS*	CS
1859	x	**M**	BK	*SS*	BT						

AJ41 (RBR)　　　　　　　　　　RESTAURANT BUFFET

Mark 1. These vehicles were built as unclassified restaurant (RU). They were rebuilt with buffet counters and 23 fixed polypropylene chairs (RBS), then further refurbished by fitting fluorescent lighting and reclassified RBR. ETH 2X.

s Modified for use as servery vehicle with seating removed.

1953. Lot No. 30575 Swindon 1960. B4/B5 bogies. 36.5 t.
1961/1981. Lot No. 30632 Swindon 1961. Commonwealth bogies. 39 t.

1953	s **VN**	VS	*SS*	CP
1961	x **G**	MH	*SS*	RL
1981	**M**	FR	*SS*	CS

AU51　　　　　　CHARTER TRAIN STAFF COACHES

Mark 1. Converted from BCKs in 1988. Commonwealth bogies. ETH 2.

Lot No. 30732 Derby 1964. 37 t.

| 2833 | (21270) | **BG** | E | *SS* | OM | 2834 | (21267) | **GC** | E | *SS* | BN |

AT5G　　　　　　　　　　HM THE QUEEN'S SALOON

Mark 3. Converted from a FO built 1972. Consists of a lounge, bedroom and bathroom for HM The Queen, and a combined bedroom and bathroom for the Queen's dresser. One entrance vestibule has double doors. Air conditioned. BT10 bogies. ETH 9X.

Lot No. 30886 Wolverton 1977. 36 t.

| 2903 | (11001) | **RP** | NR | *RP* | ZN |

AT5G HRH THE DUKE OF EDINBURGH'S SALOON

Mark 3. Converted from a TSO built 1972. Consists of a combined lounge/dining room, a bedroom and a shower room for the Duke, a kitchen and a valet's bedroom and bathroom. Air conditioned. BT10 bogies. ETH 15X.

Lot No. 30887 Wolverton 1977. 36 t.

| 2904 | (12001) | **RP** | NR | *RP* | ZN |

AT5B   ROYAL HOUSEHOLD COUCHETTE

Mark 2B. Converted from a BFK built 1969. Consists of luggage accommodation, guards compartment and staff accommodation. Pressure ventilated. B5 bogies. ETH 4X.

Lot No. 30889 Wolverton 1977. 35.5 t.

2906   (14112)   **RP**   NR   DY

AT5G   ROYAL HOUSEHOLD SLEEPING CAR

Mark 3A. Built to similar specification as SLE 10646–732. 12 sleeping compartments for use of Royal Household with a fixed lower berth and a hinged upper berth. 2T plus shower room. Air conditioned. BT10 bogies. ETH 11X.

Lot No. 31002 Derby/Wolverton 1985. 44 t.

2915   **RP**   NR   *RP*   ZN

AT5G   ROYAL KITCHEN/DINING CAR

Mark 3. Converted from HST TRUK built 1976. Large kitchen retained, but dining area modified for Royal use seating up to 14 at central table(s). Air conditioned. BT10 bogies. ETH 13X.

Lot No. 31059 Wolverton 1988. 43 t.

2916   (40512)   **RP**   NR   *RP*   ZN

AT5G ROYAL HOUSEHOLD KITCHEN/DINING CAR

Mark 3. Converted from HST TRUK built 1977. Large kitchen retained and dining area slightly modified with seating for 22 Royal Household members. Air conditioned. BT10 bogies. ETH 13X.

Lot No. 31084 Wolverton 1990. 43 t.

2917   (40514)   **RP**   NR   *RP*   ZN

AT5G   ROYAL HOUSEHOLD CARS

Mark 3. Converted from HST TRUKs built 1976/7. Air conditioned. BT10 bogies. ETH 10X.

Lot Nos. 31083 (31085*) Wolverton 1989. 41.05 t.

2918   (40515)   **RP**   NR   ZN
2919   (40518)   *   **RP**   NR   ZN

▲ Chocolate and cream-liveried Mark 1 RMB 1863 is seen in Penmaenmawr yard on 05/05/03. **Ivor Bufton**

▼ British racing green and cream-liveried Mark 1 charter train staff coach 2834 (formerly BCK 21267) is seen at Plymouth on 06/09/03. **Robert Pritchard**

▲ BR Southern Railway green-liveried Mark 1 TSO 5027 in the formation of Hertfordshire Railtours' "Three Spires" tour at Bedford on 31/08/02. **Mark Beal**

▼ BR maroon-liveried Mark 1 BSK 35469 with e. t. s. generator at York on 30/10/02.
Jason Rogers

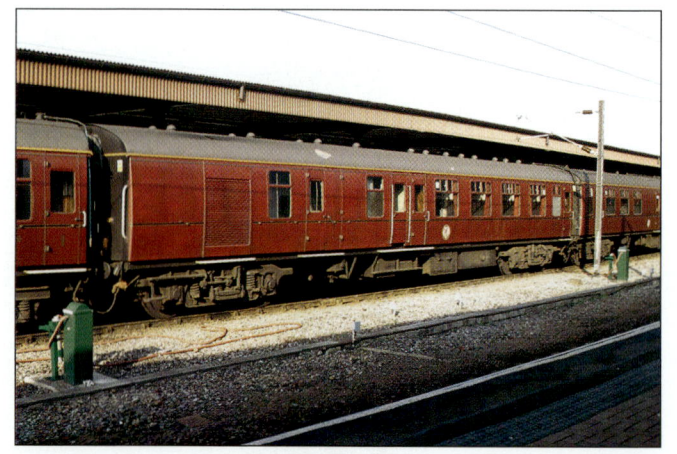

▲ Mark 1 BCK 99304 (21256) is seen stabled at the West Coast Railway Company Carnforth. **James Shuttleworth**

▼ BR Western Region chocolate and cream-liveried Mark 2 TSO 5191 at Worcester Shrub Hill on 30/05/03. **Stephen Widdowson**

▲ Riviera Trains-liveried Mark 2A TSO 5275 "Wendy" at Pontypool & New Inn on 22/03/03. **Robert Pritchard**

▼ BR Southern region green-liveried Mark 2B TSO 5482 is seen at London Paddington on a charter train to Shrewsbury, top-and-tailed by 66226 (pictured, left) and 66236, on 17/05/03. **Andrew Barclay**

▲ First Great Western-liveried Mark 2D RMBF 6720 stands outside Long Rock depot on 05/07/03. **Stephen Widdowson**

▼ Riviera Trains-liveried Mark 2E FO 3240 is seen in the formation of a charter at Swansea on 15/06/02. **Stephen Widdowson**

▲ Mark 2F TSO 6152 in Anglia Railways livery in the formation of a Norwich–London Liverpool Street service passing Pudding Mill Lane on 06/05/03.
Alex Dasi-Sutton

▼ ScotRail Caledonian Sleeper-liveried Mark 2F RFB 1220 is now in use as a Lounge Car on ScotRail's Caledonian Sleeper services. It is seen at Fort William on 01/09/03.
Robert Pritchard

▲ Newly painted in Arriva Trains livery for the new Arriva Trains Northern loco-hauled train, Mark 2F TSO 6124 is seen at Appleby on 17/10/03. **Peter Fox**

▼ Virgin Trains-liveried Mark 3A TSO 12017 is seen at Milton Keynes Central in the formation of the 09.35 to Wolverhampton (starting from Milton Keynes because of engineering work) on 16/08/03. **Mark Beal**

▲ GNER-liveried HST Trailer First 41098 at Doncaster on the 16.00 London King's Cross–Edinburgh on 26/07/03. Note the red colour being progressively painted onto the doors of all GNER coaches to comply with disability regulations. **Mark Beal**

▼ Midland Mainline HST stock is being gradually painted into the operator's new livery. One coach to have received these colours is Trailer Standard 42135, seen at Sheffield on 05/10/03. **Robert Pritchard**

AT5B   ROYAL HOUSEHOLD COUCHETTES

Mark 2B. Converted from BFK built 1969. Consists of luggage accommodation, guard's compartment, workshop area, 350 kW diesel generator and staff sleeping accommodation. B5 bogies. ETH2X.

Lot No. 31044 Wolverton 1986. 48 t.

2920   (14109, 17109)   **RP**   NR   *RP*   ZN

Mark 2B. Converted from BFK built 1969. Consists of luggage accommodation, kitchen, brake control equipment and staff accommodation. B5 bogies. ETH7X.

Lot No. 31086 Wolverton 1990. 41.5 t.

2921   (14107, 17107)   **RP**   NR   *RP*   ZN

AT5G   HRH THE PRINCE OF WALES'S SLEEPING CAR

Mark 3B. BT10 bogies. Air conditioned. ETH 7X.

Lot No. 31035 Derby/Wolverton 1987.

2922   **RP**   NR   *RP*   ZN

AT5G   HRH THE PRINCE OF WALES'S SALOON

Mark 3B. BT10 bogies. Air conditioned. ETH 6X.

Lot No. 31036 Derby/Wolverton 1987.

2923   **RP**   NR   *RP*   ZN

AD11 (FO)   OPEN FIRST

Mark 1. 42/– 2T. ETH 3. Many now fitted with table lamps.

3063–3069. Lot No. 30169 Doncaster 1955. B4 bogies. 33 t.
3096–3100. Lot No. 30576 BRCW 1959. B4 bogies. 33 t.

3064 and 3068 were numbered DB 975607 and DB 975606 for a time when in departmental service for British Railways.

3063		**BG**	VS		SL	3096	x **M**	BK *SS*	BT
3064		**BG**	VS		SL	3097	**GC**	E *SS*	BN
3066		**RV**	RV *SS*	CP	3098	x **CH**	RV *SS*	CP
3068		**RV**	RV *SS*	CP	3100	x **M**	E *SS*	OM
3069		**RV**	RV *SS*	CP				

Later design with fluorescent lighting, aluminium window frames and Commonwealth bogies.

3105–3128. Lot No. 30697 Swindon 1962–63. 36 t.
3130–3150. Lot No. 30717 Swindon 1963. 36 t.

3128/36/41/3/4/6/7/8 were renumbered 1058/60/3/5/6/8/9/70 when reclassified RUO, then 3600/5/8/9/2/6/4/10 when declassified, but have since regained their original numbers. 3136 was numbered DB977970 for a time when in use with Serco Railtest as a Brake Force Runner.

3105	x	**M**	WC	*SS*	CS	3128	x	**M**	WC *SS*	CS
3107	x	**CH**	RV	*SS*	CP	3130	v	**M**	WC *SS*	CS
3110	x	**M**	E	*SS*	OM	3131	x	**M**	E *SS*	OM
3112	x	**CH**	RV	*SS*	CP	3132	x	**M**	E *SS*	OM
3113	x	**M**	WC	*SS*	CS	3133	x	**M**	E *SS*	OM
3114		**G**	E	*SS*	BN	3136		**M**	WC *SS*	CS
3115	x	**BG**	E	*SS*	OM	3140	x	**CH**	RV *SS*	CP
3117	x	**M**	WC	*SS*	CS	3141		**GC**	E *SS*	BN
3119	x	**GC**	E	*SS*	BN	3143		**M**	WC *SS*	CS
3120		**GC**	E	*SS*	BN	3144	x	**M**	E *SS*	OM
3121		**GC**	E	*SS*	BN	3146		**GC**	E *SS*	BN
3122	x	**CH**	RV	*SS*	CP	3147		**GC**	E *SS*	BN
3123		**GC**	E	*SS*	BN	3148		**BG**	RV *SS*	CP
3124		**G**	E	*SS*	BN	3149		**GC**	E *SS*	BN
3125		**RV**	RV	*SS*	CP	3150		**G**	E *SS*	BN
3127		**G**	E	*SS*	BN					

AD1D (FO)   OPEN FIRST

Mark 2D. Air conditioned. Stones equipment. 42/– 2T. B4 bogies. ETH 5.

† Table lights fitted and facelifted for VSOE "Northern Belle".

Lot No. 30821 Derby 1971–72. 34 t.

3174	†	**VN**	VS	*SS*	CP	3182	†	**VN**	VS *SS*	CP
3178			VS		CP	3186			MA	DY
3181		**RV**	RV	*SS*	OM	3188		**RV**	RV *SS*	OM

AD1E (FO)   OPEN FIRST

Mark 2E. Air conditioned. Stones equipment. 42/– 2T (41/– 2T 1W w, 36/– 2T p). B4 bogies. ETH 5.

r Refurbished with new seats.
u Fitted with power supply for Mk. 1 RBR.
† Table lights fitted and facelifted for VSOE "Northern Belle".

3255 was numbered 3525 for a time when fitted with a pantry.

Lot No. 30843 Derby 1972–73. 32.5 t. (35.8 t †).

Note: 3228, 3229 and 3244 are leased to Riviera Trains.

3223		**RV**	RV	*SS*	OM	3240		**RV**	RV *SS*	OM
3225			E		KT	3241	dr	**FP**	H *GW*	OO
3226			E		KT	3242	wu		H	PY
3228	du	**RV**	H	*SS*	OM	3244	d	**RV**	H *SS*	OM
3229	d	**RV**	H	*SS*	OM	3246	p	**PC**	RA	CP
3231	p	**PC**	RA		CP	3247	†	**VN**	VS *SS*	CP
3232	dr	**FP**	H	*GW*	OO	3252	w		H	PY
3235	u		H		PY	3255	dr	**FP**	H *GW*	OO

3256–3385 27

3256	w		H		PY
3257	w		VS		CP
3258	n		E		KT
3261	dw	**FP**	H		OO
3267	†	**VN**	VS	*SS*	CP
3268			RV		CP

3269	dr	**FP**	H	*GW*	OO
3270			VS		CP
3272			VS		CP
3273	†	**VN**	VS	*SS*	CP
3275	†	**VN**	VS	*SS*	CP

AD1F (FO) — OPEN FIRST

Mark 2F. Air conditioned. 3277–3318/58–81 have Stones equipment, others have Temperature Ltd. 42/– 2T. All now refurbished with power-operated vestibule doors, new panels and new seat trim. B4 bogies. d. ETH 5X.

3277–3318. Lot No. 30845 Derby 1973. 33.5 t.
3325–3428. Lot No. 30859 Derby 1973–74. 33.5 t.
3429–3438. Lot No. 30873 Derby 1974–75. 33.5 t.

r Further refurbished with table lamps, modified seats with burgundy seat trim and new m.a. sets.
s Further refurbished with table lamps and modified seats with burgundy seat trim.
u Fitted with power supply for Mk. 1 RBR.

3403 was numbered 6450 for a time when declassified.

Note: 3312/74 are leased to Fragonset Railways.

3277		**AR**	H	*AR*	NC
3278	r	**V**	H	*VW*	OY
3279	u	**AR**	H	*AR*	NC
3285	s	**V**	H	*VW*	OY
3290		**AR**	H	*AR*	NC
3292			H	*AR*	NC
3293			H		PY
3295		**AR**	H	*AR*	NC
3299	r	**V**	H	*VW*	OY
3300	s	**V**	H	*VW*	OY
3303		**AR**	H	*AR*	NC
3304	r	**V**	H	*VW*	OY
3309			H	*AR*	NC
3312			H	*SS*	DY
3313	r	**V**	H	*VW*	OY
3314	r	**V**	H	*VW*	OY
3318			H	*AR*	NC
3325	r	**V**	H		OM
3326	r	**V**	H	*VW*	OY
3330	r	**V**	H	*VW*	OY
3331		**AR**	H	*AR*	NC
3333	r	**V**	H	*VW*	OY
3334		**AR**	H	*AR*	NC
3336	u	**AR**	H	*AR*	NC
3337	r	**V**	H	*VW*	OY
3338	u	**AR**	H	*AR*	NC

3340	r	**V**	H	*VW*	OY
3344	r	**V**	H	*VW*	OY
3345	r	**V**	H		OM
3348	r	**V**	H	*VW*	OY
3350	r	**V**	H		OY
3351		**AR**	H	*AR*	NC
3352	r	**V**	H	*VW*	OY
3353	s	**V**	H		PY
3354	s	**V**	H		PY
3356	r	**V**	H		OM
3358		**AR**	H	*AR*	NC
3359	r	**V**	H	*VW*	OY
3360	s	**V**	H		PY
3362	s	**V**	H		PY
3363	s	**V**	H		PY
3364	r	**V**	H		OM
3366	s	**V**	H	*VW*	OY
3368		**AR**	H	*AR*	NC
3369	s	**V**	H		PY
3373			H		BR
3374			H	*SS*	DY
3375		**AR**	H	*AR*	NC
3379	u	**AR**	H	*AR*	NC
3381			H		Bramley
3384	r	**V**	H	*VW*	OY
3385	r	**V**	H	*VW*	OY

3386	r	**V**	H		OM	3411	s	**V**	H		PY
3387	s	**V**	H		PY	3414		**AR**	H	*AR*	NC
3388		**AR**	H	*AR*	NC	3416			H	*AR*	NC
3389	s	**V**	H		PY	3417		**AR**	H	*AR*	NC
3390	r	**V**	H	*VW*	OY	3424		**AR**	H	*AR*	NC
3392	r	**V**	H		OY	3425	s	**V**	H	*VW*	OY
3395	r	**V**	H	*VW*	OY	3426	r	**V**	H		OM
3397	r	**V**	H		OM	3428	s	**V**	H		ZN
3399	u	**AR**	H	*AR*	NC	3429	r	**V**	H	*VW*	OY
3400		**AR**	H	*AR*	NC	3431	r	**V**	H	*VW*	OY
3402	s	**V**	H	*VW*	OY	3433	r	**V**	H		PY
3403	s	**V**	H		PY	3434	s	**V**	H	*VW*	OY
3408	s	**V**	H	*VW*	OY	3438	s	**V**	H		PY

AG1E (FO (T))   OPEN FIRST (PANTRY)

Mark 2E. Air conditioned. Converted from FO. Fitted with pantry containing microwave oven and space for a trolley. 36/– 2T. B4 bogies. p. d. ETH 5X.

Lot No. 30843 Derby 1972–73. 32.5 t.

3520	(3253)	**FP**	H		OO	3523	(3238)	H	ZA
3521	(3271)	**AR**	H		BR	3524	(3254)	H	BR
3522	(3236)	**FP**	H		OO				

AC21 (TSO)   OPEN STANDARD

Mark 1. These vehicles have 2+2 seating and are classified TSO ('Tourist second open'– a former LNER designation). –/64 2T. ETH 4.

3766. Lot No. 30079 York 1953. Commonwealth bogies (originally built with BR Mark 1 bogies). This coach has narrower seats than later vehicles. 36 t.

3766   x   **M**   WC *SS*   CS |

AC21 (TSO)   OPEN STANDARD

Mark 1. These vehicles are a development of the above with fluorescent lighting and modified design of seat headrest. Built with BR Mark 1 bogies. –/64 2T. ETH 4.

4831–4836. Lot No. 30506 Wolverton 1959. Commonwealth bogies. 33 t.
4849–4880. Lot No. 30525 Wolverton 1959–60. B4 bogies. 33 t.

4831	x	**M**	BK *SS*	BT	4854		**RR**	H		KT
4832	x	**M**	BK *SS*	BT	4856	x	**M**	BK *SS*		BT
4836	x	**M**	BK *SS*	BT	4866		**RR**	H		KT
4849		**RR**	H	KT	4880		**RR**	H		KT

Lot No. 30646 Wolverton 1961. Built with Commonwealth bogies, but BR Mark 1 bogies substituted by the SR. All now re-rebogied. 34 t B4, 36 t C.

4902	x B4	**CH**	RV	*SS*	CP	4915	x B4	**M**	E	*SS*	OM
4905	x C	**M**	WC	*SS*	CS	4916	x B4	**M**	E	*SS*	OM
4912	x C	**M**	WC	*SS*	CS						

Lot No. 30690 Wolverton 1961–62. Commonwealth bogies and aluminium window frames. 37 t.

4925		**G**	E	SS	BN	4994	x **M**	WC SS	CS
4927	x	**CH**	RV	SS	CP	4996	x **M**	E SS	OM
4931	v	**M**	WC	SS	CS	4998	**BG**	E SS	OM
4938		**BG**	E	SS	OM	4999	**BG**	E SS	OM
4940	x	**M**	WC	SS	CS	5002	**BG**	E SS	OM
4946	x	**M**	E	SS	OM	5005	**BG**	E SS	OM
4949		**M**	E	SS	OM	5007	**G**	E SS	BN
4951	x	**M**	WC	SS	CS	5008	x **M**	E SS	OM
4954	v	**M**	WC	SS	CS	5009	x **CH**	RV SS	CP
4956		**BG**	E	SS	OM	5023	**G**	E SS	BN
4958	v	**M**	WC	SS	CS	5027	**G**	E SS	BN
4959		**BG**	E	SS	OM	5028	x **M**	BK SS	BT
4960	x	**M**	WC	SS	CS	5032	x **M**	WC SS	CS
4963	x	**CH**	RV	SS	CP	5033	x **M**	WC SS	CS
4973	x	**M**	WC	SS	CS	5035	x **M**	WC SS	CS
4977		**G**	E	SS	BN	5037	**G**	E SS	BN
4984	x	**M**	WC	SS	CS	5040	x **CH**	RV SS	CP
4986		**G**	E	SS	BN	5044	x **M**	WC SS	CS
4991		**BG**	E	SS	OM				

AC2Z (TSO)   OPEN STANDARD

Mark 2. Pressure ventilated. –/64 2T. B4 bogies. ETH 4.

Lot No. 30751 Derby 1965–67. 32 t.

Note: 5157/77/91/98 are leased to Vintage Trains.

5125	v	**G**	MH	SS	RL		5193	v	**LN**	H		TM
5148	v	**RR**	H		TM		5194	v	**RR**	H		TM
5157	v	**CH**	H	SS	TM		5198	v	**CH**	H	SS	TM
5171	v	**G**	MH	SS	RL		5200	v	**G**	MH	SS	RL
5177	v	**CH**	H		TM		5212	v	**LN**	H		TM
5179	v	**RR**	H		TM		5216	v	**G**	MH	SS	RL
5180	v	**RR**	H		LT		5221	v	**RR**	H		TM
5183	v	**RR**	H		TM		5222	v	**G**	MH	SS	RL
5186	v	**RR**	H		TM		5226	v	**RR**	H		LT
5191	v	**CH**	H	SS	TM							

AD2Z (SO)   OPEN STANDARD

Mark 2. Pressure ventilated. –/48 2T. B4 bogies. ETH 4.

Lot No. 30752 Derby 1966. 32 t.

5229		**PC**	WT	SS	OM		5239		**PC**	WT	SS	OM
5236	v	**G**	MH	SS	RL		5249	v	**G**	MH	SS	RL
5237	v	**G**	MH	SS	RL							

AC2A (TSO) OPEN STANDARD

Mark 2A. Pressure ventilated. –/64 2T (–/62 2T w). B4 bogies. ETH 4.

5265–5345. Lot No. 30776 Derby 1967–68. 32 t.
5350–5433. Lot No. 30787 Derby 1968. 32 t.

5265		**RR**	H		KT	5354		**RR**	H		PY
5266		**RR**	RV		CP	5364		**RV**	RV	SS	CP
5267		**RR**	H		KT	5365		**RV**	RV	SS	CP
5275		**RV**	RV	SS	CP	5366		**RV**	RV	SS	OM
5276		**RV**	RV	SS	CP	5373		**RV**	RV	SS	CP
5278		**PC**	WT	SS	OM	5376		**RV**	RV	SS	CP
5292		**RV**	RV	SS	CP	5378		**RV**	RV	SS	CP
5293		**NB**	H		KT	5379		**RR**	H		KT
5299		**M**	WC	SS	CS	5381	w	**RR**	RV		KT
5304		**RR**	RV		CP	5384		**N**	RV		CP
5307		**RV**	RV	SS	CP	5386	w	**RR**	E		OM
5309		**CH**	RV	SS	CP	5389	w	**PC**	WT	SS	OM
5322		**RV**	RV	SS	CP	5410		**N**	H		KT
5331		**RR**	E		OM	5412	w	**RR**	RV		CP
5341		**RV**	RV	SS	OM	5419	w	**PC**	WT	SS	OM
5345		**RR**	RV		KT	5420	w	**PC**	WT	SS	OM
5350		**RV**	RV	SS	CP	5433	w	**RR**	WT		TM
5353		**RR**	H		KT						

AC2B (TSO) OPEN STANDARD

Mark 2B. Pressure ventilated. –/62 2T. B4 bogies. ETH 4.

Note: 5482 was numbered DB977936 for a time when in departmental service for British Railways. It is leased to EWS.

Lot No. 30791 Derby 1969. 32 t.

5443		**N**	H		KT	5471		**N**	H		KT
5446		**N**	H		KT	5472		**N**	H		KT
5447		**N**	RV		CP	5475		**N**	H		KT
5449		**N**	RV		CP	5478	d	**M**	WC	SS	CS
5450		**N**	RV		CP	5480		**N**	H		KT
5453	d	**M**	WC	SS	CS	5482		**G**	RP	SS	BN
5454		**N**	H		KT	5487	d	**M**	WC	SS	CS
5463	d	**M**	WC	SS	CS	5491	d	**M**	WC	SS	CS
5464		**N**	RV		CP	5494		**N**	RV		CP

AC2C (TSO) OPEN STANDARD

Mark 2C. Pressure ventilated. –/62 2T. B4 bogies. ETH 4.

Lot No. 30795 Derby 1969–70. 32 t.

| 5569 | d | **M** | WC | SS | CS | 5600 | | **M** | WC | SS | CS |

AC2D (TSO)   OPEN STANDARD

Mark 2D. Air conditioned. Stones equipment. –/62 2T. B4 bogies. ETH 5.

Non-Standard Livery: 5630, 5732 & 5739 are **WV** without lining.

r Refurbished with new seats and end luggage stacks. –/58 2T.

Lot No. 30822 Derby 1971. 33 t.

5616		E		FP		5690		H		PY
5618		H		PY		5700	dr	**FP** H	*GW*	OO
5620		H		PY		5704		**M** WC *SS*		CS
5623		H		PY		5710	dr	**FP** H	*WB*	CP
5629		H		PY		5711		H		PY
5630	**O**	RV		CP		5714		**M** WC *SS*		CS
5631	dr **FP**	H	*WB*	CP		5715		H		PY
5632	dr **FP**	H	*WB*	CP		5724		H		PY
5636	dr **FP**	H	*WB*	CP		5726		H		PY
5640		H		PY		5727		**M** WC *SS*		CS
5647	**RV**	RV	*SS*	CP		5728		H		PY
5650		H		PY		5732	**O**	RV		CP
5657	dr **FP**	H	*GW*	OO		5737	dr	**FP** H	*WB*	CP
5669	dr **FP**	H	*GW*	OO		5739		**O** RV		CP
5679	dr **FP**	H	*GW*	OO		5740	dr	**FP** H	*WB*	CP

AC2E (TSO)   OPEN STANDARD

Mark 2E. Air conditioned. Stones equipment. –/64 2T (w –/62 2T 1W). B4 bogies. d (except 5756 and 5879). ETH 5.

5744–5801. Lot No. 30837 Derby 1972. 33.5 t.
5810–5906. Lot No. 30844 Derby 1972–73. 33.5 t.

r Refurbished with new interior panelling.
s Refurbished with new interior panelling, modified design of seat headrest and centre luggage stack. –/60 2T (w –/58 2T 1W).
t Refurbished with new interior panelling and new seats.

Notes:

5748/52/69/73/76/91/92/94/96, 5814/16/43 and 5905 are leased to Riviera Trains.
5779/88/89/97, 5812/24/27/66/88/97 and 5906 are leased to Fragonset Railways.

5744		**FP**	H		OO		5775	s	**V** H		KT
5745	s	**V**	H		KT		5776	r	H	*SS*	OM
5746	r	**V**	H		KT		5778		**AR** H	*AR*	NC
5748	r pt		H	*SS*	CP		5779	r	H	*SS*	DY
5750	s	**V**	H		KT		5780		**AR** H		NC
5752	wrpt		H	*SS*	CP		5781		**AR** H		NC
5754	ws	**V**	H		KT		5784	r	**V** H		KT
5756		**M**	WC	*SS*	CS		5787	s	**V** H		KT
5769	r		H	*SS*	OM		5788	r	H	*SS*	DY
5773	s pt	**V**	H	*SS*	CP		5789	r pt	H	*SS*	DY

5791	wr		H	SS	CP	5853	t	**M**	WC SS	CS
5792	r		H	SS	CP	5859	s	**V**	H	KT
5793	wspt	**V**	H		KT	5863		**AR**	H AR	NC
5794	wr		H	SS	CP	5866	r pt		H SS	DY
5796	wr		H	SS	CP	5868	s pt	**V**	H	KT
5797	r		H	SS	DY	5869	t	**M**	WC SS	CS
5800		**AR**	H	AR	NC	5874	t	**M**	WC SS	CS
5801	r	**V**	H		KT	5876	s pt	**V**	H	KT
5810	s	**V**	H		KT	5879			RV	CP
5812	wr		H	SS	DY	5881	ws	**V**	H	KT
5814	r		H	SS	CP	5886	s	**V**	H	KT
5815	ws	**V**	H		KT	5887	wr	**AR**	H AR	NC
5816	r pt		H	SS	CP	5888	wr		H SS	DY
5821	r pt		H		KT	5889	s	**V**	H	KT
5822	wspt	**V**	H		KT	5893	s	**V**	H	KT
5824	rw		H	SS	DY	5897	r		H SS	DY
5827	r		H	SS	DY	5899	s	**V**	H	KT
5828	ws	**V**	H		KT	5900	wspt	**V**	H	KT
5831		**AR**	H	AR	NC	5901	s	**V**	H	KT
5836		**AR**	H	AR	NC	5902	s	**V**	H	KT
5843	rw		H	SS	CP	5903	s	**V**	H	KT
5845	s	**V**	H		KT	5905	s	**V**	H SS	CP
5847	rw	**V**	H		KT	5906	wspt		H SS	DY
5852		**AR**	H	AR	NC					

AC2F (TSO) — OPEN STANDARD

Mark 2F. Air conditioned. Temperature Ltd. equipment. Inter-City 70 seats. All were refurbished in the 1980s with power-operated vestibule doors, new panels and new seat trim. –/64 2T. (w –/62 2T 1W) B4 bogies. d. ETH 5X.

5908–5958. Lot No. 30846 Derby 1973. 33 t.
5959–6170. Lot No. 30860 Derby 1973–74. 33 t.
6171–6184. Lot No. 30874 Derby 1974–75. 33 t.

* Early Mark 2 style seats.

These vehicles have undergone a second refurbishment with carpets and new seat trim.

r Standard refurbished vehicles with new m.a. sets.

Former Cross-Country vehicles:

s Also fitted with centre luggage stack. –/60 2T.
t Also fitted with centre luggage stack and wheelchair space. –/58 2T 1W.

Current and former West Coast vehicles:

u As 'r' but with two wheelchair spaces. –/60 2T 2W.
† Standard refurbished vehicles with new seat trim.

Notes:

5908–6018

6157 is leased to Riviera Trains.
5925/58/81, 6035/66 and 6124/68/70 are fitted for blue star push-pull operation.

5908	r	**V**	H	VW	OY	5960	s	**V**	H		KT
5910	u	**V**	H	VW	OY	5961	s pt	**V**	H	VL	CF
5911	s	**V**	H	VL	CF	5962	s pt	**V**	H		KT
5912	s	**V**	H		KT	5963	r	**V**	H		PY
5913	s	**M**	WC	SS	CS	5964		**AR**	H	AR	NC
5914	u	**V**	H		OY	5965	t	**M**	WC	SS	CS
5915	r	**V**	H		PY	5966		**AR**	H	AR	NC
5916	t		H		KT	5967	t	**V**	H		KT
5917	s	**V**	H		KT	5968		**AR**	H	AR	NC
5918	t	**V**	H		KT	5969	u	**V**	H		PY
5919	s pt	**V**	H		KT	5971	s	**V**	H	VL	CF
5920	†	**V**	H	VW	OY	5973		**AR**	H	AR	NC
5921		**AR**	H	AR	NC	5975	s	**V**	H		KT
5922		**AR**	H	AR	NC	5976	t	**V**	H	VL	CF
5924		**AR**	H	AR	NC	5977	r	**V**	H	VW	OY
5925	s pt		H	WX	CF	5978	r	**V**	H	VW	OY
5926			H	AR	NC	5980	r	**V**	H	VW	OY
5927		**AR**	H	AR	NC	5981	s		H	WX	CF
5928		**AR**	H	AR	NC	5983	s	**V**	H		KT
5929		**AR**	H	AR	NC	5984	r		H		PY
5930	t		H		KT	5985		**AR**	H	AR	NC
5931	tw	**V**	H		PY	5986	r	**V**	H	VW	OY
5932	r	**V**	H		PY	5987	r	**V**	H	VW	OY
5933	r	**V**	H	VW	OY	5988	r	**V**	H	VW	OY
5934	r	**V**	H		PY	5989	t	**V**	H		KT
5935		**AR**	H	AR	NC	5991	s	**V**	H		KT
5936		**AR**	H	AR	NC	5993	*	**AR**	H	AR	NC
5937	r	**V**	H	VW	OY	5994	r	**V**	H		KT
5939	r	**V**	H		PY	5995	s		H		KT
5940	u	**V**	H	VW	OY	5996	s pt	**V**	H		KT
5941	r	**V**	H		OY	5997	r	**V**	H	VW	OY
5943	rw	**V**	H	VW	OY	5998		**AR**	H	AR	NC
5944		**AR**	H	AR	NC	5999	s	**V**	H		KT
5945	r	**V**	H	VW	OY	6000	t	**V**	H		KT
5946	r	**V**	H	VW	OY	6001	u	**V**	H	VW	OY
5947	s pt	**V**	H		KT	6002	†	**V**	H		PY
5948	u	**V**	H	VW	OY	6005	r	**V**	H		KT
5949	u	**V**	H	VW	OY	6006		**AR**	H	AR	NC
5950		**AR**	H	AR	NC	6008	s	**V**	H	VL	CF
5951	r	**V**	H		KT	6009	r	**V**	H	VW	OY
5952	r	**V**	H	VW	OY	6010	s	**V**	H		KT
5953	†	**V**	H		PY	6011	s	**V**	H		KT
5954		**AR**	H	AR	NC	6012	r	**V**	H	VW	OY
5955	r	**V**	H		PY	6013	s	**M**	WC	SS	CS
5956			H	AR	NC	6014	s pt		H		KT
5957	r	**V**	H	VW	OY	6015	t	**V**	H		KT
5958	s		H	WX	CF	6016	r	**V**	H	VW	OY
5959	n	**AR**	H	AR	NC	6018	t	**V**	H		KT

34 6021–6178

6021	r	**V**	H	*VW*	OY		6113	†	**V**	H		PY
6022	s	**V**	H		KT		6115	s		H		KT
6024	s	**V**	H		OM		6116	†	**V**	H		PY
6025	t	**V**	H		KT		6117	t	**V**	H	*SW*	NT
6026	s	**V**	H		KT		6119	s	**V**	H	*VL*	CF
6027	u	**V**	H	*VW*	OY		6120	s	**V**	H		KT
6028		**AR**	H	*AR*	NC		6121	†	**V**	H	*VW*	OY
6029	r	**V**	H	*VW*	OY		6122	s	**V**	H	*SW*	NT
6030	t	**V**	H		CP		6123		**AR**	H	*AR*	NC
6031	r	**V**	H	*VW*	OY		6124	s pt	**AV**	E	*AN*	XW
6034		**AR**	H	*AR*	NC		6134	†	**V**	H	*VW*	OY
6035	t	**AV**	E	*AN*	XW		6135			H		KT
6036	*	**AR**	H	*AR*	NC		6136	r	**V**	H	*VW*	OY
6037		**AR**	H	*AR*	NC		6137	s pt	**V**	H	*VL*	CF
6038	s	**V**	H		OM		6138	†	**V**	H		PY
6041		**V**	H		KT		6139	n*		H	*AR*	NC
6042		**AR**	H	*AR*	NC		6141	u	**V**	H		PY
6043	†	**V**	H		PY		6142	†*	**V**	H		PY
6045	†w	**V**	H	*VW*	OY		6144	†*	**V**	H		PY
6046	s	**V**	H		KT		6145	s pt	**V**	H		PY
6047	†n*	**V**	H	*VW*	OY		6146	*	**AR**	H	*AR*	NC
6049	r	**V**	H	*VW*	OY		6147	r	**V**	H		PY
6050	s		H		KT		6148	s		H		KT
6051	r	**V**	H	*VW*	OY		6149	u	**V**	H		PY
6052	tw		H		KT		6150	s		H		KT
6053	*	**AR**	H	*AR*	NC		6151	†*	**V**	H	*VW*	OY
6054	r	**V**	H		PY		6152	*	**AR**	H	*AR*	NC
6055	†	**V**	H		PY		6153	†	**V**	H		OY
6056	†	**V**	H		PY		6154	r pt		H		KT
6057	r	**V**	H		PY		6155	*	**AR**	H	*AR*	NC
6059	s	**V**	H		KT		6157	s	**V**	H	*SS*	CP
6060	u	**V**	H		PY		6158	r	**V**	H		PY
6061	s pt	**V**	H		KT		6159	s pt	**V**	H		KT
6062	†	**V**	H		PY		6160	*	**AR**	H	*AR*	NC
6063	†w	**V**	H	*VW*	OY		6161	†*	**V**	H		PY
6064	s	**V**	H	*VL*	CF		6162	s pt	**V**	H	*VL*	CF
6065	r	**V**	H	*VW*	OY		6163	r	**V**	H		PY
6066	s	**AV**	E	*AN*	XW		6164	†	**V**	H	*VW*	OY
6067	s pt	**V**	H	*VL*	CF		6165	r	**V**	H		OY
6073	s	**V**	H		KT		6166			H	*AR*	NC
6100	†*	**V**	H	*VW*	OY		6167		**AR**	H	*AR*	NC
6101	r	**V**	H	*VW*	OY		6168	s		H	*WX*	CF
6102	r	**V**	H		PY		6170	s	**AV**	E	*AN*	XW
6103		**AR**	H	*AR*	NC		6171	†	**V**	H		PY
6104	r	**V**	H		PY		6172	s	**V**	H		KT
6105	tpt	**V**	H		CP		6173	s	**V**	H	*SW*	NT
6106	r	**V**	H		PY		6174		**AR**	H	*AR*	NC
6107	r	**V**	H		PY		6175	r	**V**	H	*VW*	OY
6110			H	*AR*	NC		6176	t	**V**	H		OM
6111	†	**V**	H		PY		6177	s	**V**	H	*VL*	CF
6112	s pt	**V**	H		KT		6178	s		E		XW

6179–6310

6179	r	**V**	H		OY	6182	s	**V**	H		KT
6180	tw	**V**	H		PY	6183	s	**V**	H	VL	CF
6181	twn	**V**	H		PY	6184	s	**V**	H		KT

AC2D (TSO) — OPEN STANDARD

Mark 2D. Air conditioned (Stones). Rebuilt from FO with new style 2+2 seats. –/58 2T. (–/58 1T*). B4 bogies. d. ETH 5X.

Lot No. 30821 Derby 1971–72. 33.5 t.

* One toilet converted to store room.

6200	(3198)	**FP** H	WB	CP	6212	(3176)	**FP** H		OO
6202	(3191)*	**FP** H	WB	CP	6213	(3208)	**FP** H	WB	CP
6203	(3180)	**FP** H		OO	6219	(3213)	**FP** H		OO
6206	(3183)	**FP** H		OO	6221	(3173)	**FP** H	WB	CP
6207	(3204)	**FP** H		OO	6226	(3203)	**FP** H		OO

AX51 — GENERATOR VAN

Mark 1. Converted from NEA/NHA in 2003 to generator vans for use on the Southern Region power upgrade project. B4 bogies.

6260. Lot No. 30400 Pressed Steel 1957–58.
6261. Lot No. 30323 Pressed Steel 1957.
6262. Lot No. 30228 Metro-Cammell 1957–58.
6263. Lot No. 30163 Pressed Steel 1957.
6264. Lot No. 30173 York 1956.

6260	(81450, 92116)	**NR**	NR	E	LU
6261	(81284, 92988)	**NR**	NR	E	LU
6262	(81064, 92928)	**NR**	NR	E	DY
6263	(81231, 92961)	**NR**	NR	E	DY
6264	(80971, 92923)	**NR**	NR	E	DY

AX51 — BRAKE GENERATOR VAN

Mark 1. Renumbered 1989 from BR departmental series. Converted from NDA in 1973 to three-phase supply brake generator van for use with HST trailers. Modified 1999 for use with loco-hauled stock. B5 bogies.

Lot No. 30400 Pressed Steel 1958.

6310	(81448, 975325)	**CH**	RV	SS	CP

AX51 — GENERATOR VAN

Mark 1. Converted from NDA in 1992 to generator vans for use on Anglo-Scottish sleeping car services. Now normally used on trains hauled by steam locomotives. B4 bogies. ETH75.

6311. Lot No. 30162 Pressed Steel 1958. 37.25 t.
6312. Lot No. 30224 Cravens 1956. 37.25 t.
6313. Lot No. 30484 Pressed Steel 1958. 37.25 t.

36　　6311–6348

Notes:

6312 is currently on loan to Bombardier Transportation, Horbury for use in the static testing of Mark 4 stock.
6313 is leased to the Venice Simplon Orient Express.

6311	(80903, 92911)	**B**	E	*SS*	OM
6312	(81023, 92925)	**PC**	FS	*SS*	SO
6313	(81553, 92167)	**E**	P	*SS*	SL

NW51　　DESIRO EMU BARRIER VEHICLE

Mark 1. Converted from GUVs originally for use as Eurostar barrier vehicles with bodies removed and B4 bogies. Modified in 2003 by LNWR Co., Crewe for current use.

6321. Lot No. 30343 York 1957. 40 t.
6322/23. Lot No. 30616 Pressed Steel 1959–60. 40 t.
6324. Lot No. 30403 Glasgow 1958–60. 40 t.
6325. Lot No. 30417 Pressed Steel 1958–59. 40 t.

6321	(86515, 96385)	**B**	SM	*SW*	NT
6322	(86859, 96386)	**B**	SM	*SW*	NT
6323	(86973, 96387)	**B**	SM	*SW*	NT
6324	(86562, 96388)	**B**	SM	*SW*	NT
6325	(96135, 96389)	**B**	SM	*SW*	NT

GS5 (HSBV)　　HST BARRIER VEHICLE

Renumbered from BR departmental series, or converted from various types. B4 bogies (Commonwealth bogies *).

6330. Mark 2A. Lot No. 30786 Derby 1968. 32 t.
6334. Mark 1. Lot No. 30400 Pressed Steel 1957–8. 31.5 t.
6336/38/44. Mark 1. Lot No. 30715 Gloucester 1962. 31 t.
6340. Mark 1. Lot No. 30669 Swindon 1962. 36 t.
6346. Mark 2A. Lot No. 30777 Derby 1967. 31.5 t.
6348. Mark 1. Lot No. 30163 Pressed Steel 1957. 31.5 t.

6330	(14084, 975620)		**G**	A	*GW*	LA
6334	(81478, 92128)		**P**	P	*MM*	NL
6336	(81591, 92185)		**G**	A	*GW*	LA
6338	(81581, 92180)		**G**	A	*GW*	LA
6340	(21251, 975678)	*	**G**	A	*GW*	LA
6344	(81263, 92080)		**GN**	A	*GN*	EC
6346	(9422)		**GN**	A	*GN*	EC
6348	(81233, 92963)		**G**	A	*GW*	LA

AV5A/AV5C (MFBV)　MARK 4 BARRIER VEHICLE

Mark 2A or Mark 2C. Converted from FK* or BSO. B4 bogies.

6352/3. Mark 2A. Lot No. 30774 Derby 1968. 33 t.
6354/5. Mark 2C. Lot No. 30820 Derby 1970. 32 t.
6358/9. Mark 2A. Lot No. 30788 Derby 1968. 31.5 t.

6352	(13465, 19465)	*	**GN**	H	*GN*	BN
6353	(13478, 19478)	*	**GN**	H	*GN*	BN
6354	(9459)		**GN**	H	*GN*	BN
6355	(9477)		**GN**	H	*GN*	BN
6358	(9432)		**GN**	H	*GN*	BN
6359	(9429)		**GN**	H	*GN*	BN

AW51 — EMU TRANSLATOR VEHICLE

Mark 1. Converted 1992 from BG.

6364. Mark 1. Lot No. 30039 Derby 1954. BR Mark 1 bogies. 32 t.
6365. Mark 1. Lot No. 30323 Pressed Steel 1957. BR Mark 1 bogies. 32 t.

| 6364 | (80565) | **RR** | P | *CT* | SI |
| 6365 | (81296, 84296) | **RR** | P | *CT* | SI |

AW51 — EMU TRANSLATOR VEHICLE

Mark 1. Converted 1980 from RUO. Commonwealth bogies.

Lot No. 30647 Wolverton 1959–61. 36 t.

6376	(1021, 975973)	**P**	P	*E*	CJ
6377	(1042, 975975)	**P**	P	*E*	CJ
6378	(1054, 975971)	**P**	P	*E*	CJ
6379	(1059, 975972)	**P**	P	*E*	CJ

GS51 (HSBV) — HST BARRIER VEHICLE

Mark 1. Converted from BG in 1994–5. B4 bogies.

6392. Lot No. 30715 Gloucester 1962. 29.5 t.
6393/96/97. Lot No. 30716 Gloucester 1962. 29.5 t.
6394. Lot No. 30162 Pressed Steel 1956–57. 30.5 t.
6395. Lot No. 30484 Pressed Steel 1958. 30.5 t.
6398/99. Lot No. 30400 Pressed Steel 1957–58. 30.5 t.

Non-Standard Livery: 6399 is **MA** on one side and **P** on the other.

6392	(81588, 92183)	**P**	P	*MM*	NL
6393	(81609, 92196)	**P**	P	*MM*	NL
6394	(80878, 92906)	**P**	P	*MM*	NL
6395	(81506, 92148)	**P**	P	*MM*	NL
6396	(81606, 92195)	**P**	P	*MM*	NL
6397	(81600, 92190)	**P**	P	*MM*	NL
6398	(81471, 92126)	**P**	P	*MM*	NL
6399	(81367, 92994)	**0**	P	*MM*	NL

AG2C (TSOT) — OPEN STANDARD (TROLLEY)

Mark 2C. Converted from TSO by removal of one seating bay and replacing this by a counter with a space for a trolley. Adjacent toilet removed and converted to steward's washing area/store. Pressure ventilated. –/55 1T. B4 bogies. ETH 4.

Lot No. 30795 Derby 1969–70. 32.5 t.

| 6528 | (5592) | **M** | WC | *SS* | CS |

AN1F (RLO)   SLEEPER RECEPTION CAR

Mark 2F. Converted from FO, these vehicles consist of pantry, microwave cooking facilities, seating area for passengers, telephone booth and staff toilet. 6703–8 also have a bar. Converted at RTC, Derby (6700), Ilford (6701–5) and Derby (6706–8). Air conditioned. 6700/1/3/5/–8 have Stones equipment and 6702/4 have Temperature Ltd. equipment. 26/– 1T. B4 bogies. p. q. d. ETH 5X.

6700–2/4/8. Lot No. 30859 Derby 1973–74. 33.5 t.
6703/5–7. Lot No. 30845 Derby 1973. 33.5 t.

Advertising Livery: 6703 is "Visit Scotland" – silver with a broad blue tartan stripe down one end.

6700	(3347)	**CS**	H	*SR*	IS
6701	(3346)	**CS**	H	*SR*	IS
6702	(3421)	**CS**	H	*SR*	IS
6703	(3308)	**AL**	H	*SR*	IS
6704	(3341)	**CS**	H	*SR*	IS
6705	(3310, 6430)	**CS**	H	*SR*	IS
6706	(3283, 6421)	**CS**	H	*SR*	IS
6707	(3276, 6418)	**CS**	H	*SR*	IS
6708	(3370)	**CS**	H	*SR*	IS

AN1D (RMBF)   MINIATURE BUFFET CAR

Mark 2D. Converted from TSOT by the removal of another seating bay and fitting a proper buffet counter with boiler and microwave oven. Now converted to first class with new seating and end luggage stacks. Air conditioned. Stones equipment. 30/– 1T. B4 bogies. p. q. d. ETH 5.

Lot No. 30822 Derby 1971. 33 t.

6720	(5622, 6652)	**FP**	H	*GW*	OO
6721	(5627, 6660)	**FP**	H	*GW*	OO
6722	(5736, 6661)	**FP**	H	*GW*	OO
6723	(5641, 6662)	**FP**	H	*GW*	OO
6724	(5721, 6665)	**FP**	H	*GW*	OO

AC2F (TSO)   OPEN STANDARD

Mark 2F. Renumbered from FO and declassified in 1985–6. Converted 1990 to TSO with mainly unidirectional seating and power-operated sliding doors. Air conditioned. 6800–14 were converted by BREL Derby and have Temperature Ltd. air conditioning. 6815–29 were converted by RFS Industries Doncaster and have Stones air conditioning. –/74 2T. B4 bogies. d. ETH 5X.

6800–07. 6810–12. 6813–14. 6819/22/28. Lot No. 30859 Derby 1973–74. 33 t.
6808–6809. Lot No. 30873 Derby 1974–75. 33.5 t.
6815–18. 6820–21. 6823–27. 6829. Lot No. 30845 Derby 1973. 33 t.

6800	(3323, 6435)	**AR** H	*AR*	NC	
6801	(3349, 6442)	**AR** H	*AR*	NC	
6802	(3339, 6439)	**AR** H	*AR*	NC	
6803	(3355, 6443)	**AR** H	*AR*	NC	
6804	(3396, 6449)	H	*AR*	NC	
6805	(3324, 6436)	**AR** H	*AR*	NC	
6806	(3342, 6440)	**AR** H	*AR*	NC	
6807	(3423, 6452)	H	*AR*	NC	
6808	(3430, 6454)	**AR** H	*AR*	NC	
6809	(3435, 6455)	**AR** H	*AR*	NC	
6810	(3404, 6451)	**AR** H	*AR*	NC	
6811	(3327, 6437)	**AR** H	*AR*	NC	
6812	(3394, 6448)	**AR** H	*AR*	NC	
6813	(3410, 6463)	H	*AR*	NC	
6814	(3422, 6465)	**AR** H	*AR*	NC	
6815	(3282, 6420)	**AR** H	*AR*	NC	
6816	(3316, 6461)	**AR** H	*AR*	NC	
6817	(3311, 6431)	**AR** H	*AR*	NC	
6818	(3298, 6427)	**AR** H	*AR*	NC	
6819	(3365, 6446)	**AR** H	*AR*	NC	
6820	(3320, 6434)	**AR** H	*AR*	NC	
6821	(3281, 6458)	**AR** H	*AR*	NC	
6822	(3376, 6447)	**AR** H	*AR*	NC	
6823	(3289, 6424)	**AR** H	*AR*	NC	
6824	(3307, 6429)	**AR** H	*AR*	NC	
6825	(3301, 6460)	**AR** H	*AR*	NC	
6826	(3294, 6425)	**AR** H	*AR*	NC	
6827	(3306, 6428)	**AR** H	*AR*	NC	
6828	(3380, 6464)	**AR** H	*AR*	NC	
6829	(3288, 6423)	**AR** H	*AR*	NC	

AH2Z (BSOT)
OPEN BRAKE STANDARD (MICRO-BUFFET)

Mark 2. Converted from BSO by removal of one seating bay and replacing this by a counter with a space for a trolley. Adjacent toilet removed and converted to a steward's washing area/store. –/23 0T. B4 bogies. ETH 4.

Note: 9101 is leased to Vintage Trains.

Lot No. 30757 Derby 1966. 31 t.

9101	(9398)	v	**CH**	H	*SS*	TM
9104	(9401)	v	**G**	MH	*SS*	RL

AE2Z (BSO)   OPEN BRAKE STANDARD

Mark 2. These vehicles use the same body shell as the Mark 2 BFK and have first class seat spacing and wider tables. Pressure ventilated. –/31 1T. B4 bogies. ETH 4.

Lot No. 30757 Derby 1966. 31.5 t.

9385	v	**LN** H		LT	9392	v	**G** MH *SS*	RL
9391		**PC** WT *SS*		OM				

AE2A (BSO)   OPEN BRAKE STANDARD

Mark 2A. These vehicles use the same body shell as the Mark 2A BFK and have first class seat spacing and wider tables. Pressure ventilated. –/31 1T. B4 bogies. ETH 4.

9417/19. Lot No. 30777 Derby 1970. 31.5 t.
9428. Lot No. 30820 Derby 1970. 31.5 t.

9417	**RV** RV *SS*	CP		9428	**DR** DR *DR*	KM
9419	**DR** DR *DR*	KM				

AE2C (BSO)   OPEN BRAKE STANDARD

Mark 2C. Pressure ventilated. –/31 1T. B4 bogies. ETH 4.

Lot No. 30798 Derby 1970. 32 t.

9440	d	**M** WC *SS*	CS		9448	d	**M** WC *SS* CS

AE2D (BSO)   OPEN BRAKE STANDARD

Mark 2D. Air conditioned (Stones). –/31 1T. B4 bogies. pg. ETH 5.

b In use as a Pendolino barrier vehicle.
r Refurbished with new interior panelling.
s Refurbished with new seating –/22 1TD.
w Facelifted –/28 1W 1T.

Lot No. 30824 Derby 1971. 33 t.

Note: 9479 is leased to Fragonset Railways.

9479	dr		H *SS*	DY		9489	drb	**V**	H *FL*	CP
9480	d	**FP**	H *WB*	CP		9490	ds	**FP**	H *GW*	OO
9481	ds	**FP**	H *WB*	CP		9492	dw	**FP**	H	OO
9483			H	PY		9493	ds	**FP**	H *GW*	OO
9486			H	PY		9494	ds	**FP**	H *WB*	CP
9488	ds	**FP**	H *GW*	OO						

AE2E (BSO)   OPEN BRAKE STANDARD

Mark 2E. Air conditioned (Stones). –/32 1T. B4 bogies. d. pg. ETH 5.

Lot No. 30838 Derby 1972. 33 t.

r Refurbished with new interior panelling.
s Refurbished with modified design of seat headrest and new interior panelling.
w Facelifted –/28 1W 1T.

Notes:

9496 and 9500 are leased to Fragonset Railways.
9503 is leased to Riviera Trains.

9505 is fitted for blue star push-pull operation.

9496	r		H	SS	DY	9504	s	**V**	H		KT
9497	r		H		ZA	9505	s		H	WX	CF
9498	r	**V**	H		KT	9506	s	**V**	H	SW	NT
9500	r		H	SS	DY	9507	s	**V**	H		KT
9501	w	**FP**	H	WB	CP	9508	s	**V**	H		KT
9502	s	**V**	H		KT	9509	s	**V**	H		KT
9503	s	**V**	H	VL	CF						

AE2F (BSO) OPEN BRAKE STANDARD

Mark 2F. Air conditioned (Temperature Ltd.). All now refurbished with power-operated vestibule doors, new panels and seat trim. All now further refurbished with carpets and new m.a. sets. –/32 1T. B4 bogies. d. pg. ETH5X.

Lot No. 30861 Derby 1974. 34 t.

Notes:

9520/26 are leased to Riviera Trains.
9521/24 are fitted for blue star push-pull operation.

9513		**V**	H		KT	9526	n		H	SS	CP
9516	n	**V**	H		KT	9527	n	**V**	H	VL	CF
9520	n	**V**	H	SS	CP	9529		**V**	H	VL	CF
9521		**AV**	E	AN	XW	9531		**V**	H	VL	CF
9522		**V**	H		KT	9537	n	**V**	H		KT
9523		**V**	H		KT	9538		**V**	H		KT
9524	n	**AV**	E	AN	XW	9539		**M**	WC	SS	CS
9525		**V**	H	SW	NT						

AF2F (DBSO) DRIVING OPEN BRAKE STANDARD

Mark 2F. Air conditioned (Temperature Ltd.). Push & pull (t.d.m. system). Converted from BSO, these vehicles originally had half cabs at the brake end. They have since been refurbished and have had their cabs widened and the cab-end gangways removed. –/30 1W 1T. B4 bogies. d. pg. Cowcatchers. ETH 5X.

9701–9710. Lot No. 30861 Derby 1974. Converted Glasgow 1979. Disc brakes. 34 t.
9711–9713. Lot No. 30861 Derby 1974. Converted Glasgow 1985. 34 t.
9714. Lot No. 30861 Derby 1974. Converted Glasgow 1986. Disc brakes. 34 t.

9701	(9528)	**AR**	H AR	NC	9709	(9515)	**AR**	H AR	NC
9702	(9510)	**AR**	H AR	NC	9710	(9518)		H AR	NC
9703	(9517)	**AR**	H AR	NC	9711	(9532)	**AR**	H AR	NC
9704	(9512)	**AR**	H AR	NC	9712	(9534)	**AR**	H AR	NC
9705	(9519)	**AR**	H AR	NC	9713	(9535)	**AR**	H AR	NC
9707	(9511)	**AR**	H AR	NC	9714	(9536)	**AR**	H AR	NC
9708	(9530)	**AR**	H AR	NC					

AE4E (BUO) UNCLASSIFIED OPEN BRAKE

Mark 2E. Converted from TSO with new seating for use on Anglo-Scottish overnight services by Railcare, Wolverton. Air conditioned. Stones equipment. B4 bogies. d. –/31 2T. B4 bogies. ETH 4X.

9801–9803. Lot No. 30837 Derby 1972. 33.5 t.
9804–9810. Lot No. 30844 Derby 1972–73. 33.5 t.

9800	(5751)	**CS**	H	*SR*	IS	9806	(5840)	**CS**	H	*SR*	IS
9801	(5760)	**CS**	H	*SR*	IS	9807	(5851)	**CS**	H	*SR*	IS
9802	(5772)	**CS**	H	*SR*	IS	9808	(5871)	**CS**	H	*SR*	IS
9803	(5799)	**CS**	H	*SR*	IS	9809	(5890)	**CS**	H	*SR*	IS
9804	(5826)	**CS**	H	*SR*	IS	9810	(5892)	**CS**	H	*SR*	IS
9805	(5833)	**CS**	H	*SR*	IS						

AJ1G (RFM) RESTAURANT BUFFET FIRST (MODULAR)

Mark 3A. Air conditioned. Converted from HST TRFKs, RFBs and FOs. Refurbished with table lamps and burgundy seat trim (except *). 18/– plus two seats for staff use (*24/–). BT10 bogies. p. q. d. ETH 14X.

10200–10211. Lot No. 30884 Derby 1977. 39.8 t.
10212–10229. Lot No. 30878 Derby 1975–76. 39.8 t.
10230–10260. Lot No. 30890 Derby 1979. 39.8 t.

10200	(40519)	*	P	*AR*	NC	10225	(11014)	**V**	P	*VW*	OY
10201	(40520)	**V**	P	*VW*	MA	10226	(11015)	**V**	P	*VW*	MA
10202	(40504)	**V**	P	*VW*	MA	10227	(11057)	**V**	P	*VW*	MA
10203	(40506)	* **AR**	P	*AR*	NC	10228	(11035)	* **AR**	P	*AR*	NC
10204	(40502)	**V**	P	*VW*	MA	10229	(11059)	**V**	P	*VW*	OY
10205	(40503)	**V**	P	*VW*	OY	10230	(10021)	**V**	P		LT
10206	(40507)	**V**	P	*VW*	MA	10231	(10016)	**V**	P	*VW*	OY
10207	(40516)	**V**	P	*VW*	MA	10232	(10027)	**V**	P	*VW*	OY
10208	(40517)	**V**	P	*VW*	MA	10233	(10013)	**V**	P	*VW*	MA
10209	(40508)	**V**	P	*VW*	MA	10234	(10004)	**V**	P	*VW*	MA
10210	(40509)	**V**	P	*VW*	MA	10235	(10015)	**V**	P	*VW*	OY
10211	(40510)	**V**	P		LT	10236	(10018)	**V**	P	*VW*	MA
10212	(11049)	**V**	P		LT	10237	(10022)	**V**	P	*VW*	MA
10213	(11050)	**V**	P	*VW*	MA	10238	(10017)	**V**	P		OY
10214	(11034)	* **AR**	P	*AR*	NC	10240	(10003)	**V**	P		OY
10215	(11032)	**V**	P	*VW*	MA	10241	(10009)	* **AR**	P	*AR*	NC
10216	(11041)	* **AR**	P	*AR*	NC	10242	(10002)	**V**	P	*VW*	OY
10217	(11051)	**V**	P	*VW*	MA	10245	(10019)	**V**	P	*VW*	MA
10218	(11053)	**V**	P	*VW*	MA	10246	(10014)	**V**	P	*VW*	MA
10219	(11047)	**V**	P	*VW*	MA	10247	(10011)	* **AR**	P	*AR*	NC
10220	(11056)	**V**	P		OY	10248	(10005)	**V**	P		OY
10221	(11012)	**V**	P		LT	10249	(10012)	**V**	P	*VW*	MA
10222	(11063)	**V**	P	*VW*	MA	10250	(10020)	**V**	P	*VW*	MA
10223	(11043)	* **AR**	P	*AR*	NC	10251	(10024)	**V**	P		OY
10224	(11062)	**V**	P	*VW*	MA	10252	(10008)	**V**	P	*VW*	OY

10253–10544　　43

10253	(10026)	**V**	P	*VW*	MA	10257	(10007)	**V**	P	LT
10254	(10006)	**V**	P	*VW*	MA	10258	(10023)	**V**	P	*VW* MA
10255	(10010)	**V**	P	*VW*	OY	10259	(10025)	**V**	P	OY
10256	(10028)	**V**	P	*VW*	MA	10260	(10001)	**V**	P	*VW* MA

AJ1J/AG2J (RFM/RSB)　　RESTAURANT BUFFET

Mark 4. Air conditioned. 20/– 1T. BT41 bogies. ETH 6X.
r Refurbished and converted to RSB seating –/30 1T.
Lot No. 31045 Metro-Cammell 1989 onwards. 45.5 t.

10300	**GN**	H *GN*	BN		10316	**GN**	H *GN*	BN
10301	**GN**	H *GN*	BN		10317	**GN**	H *GN*	BN
10302	**GN**	H *GN*	BN		10318	**GN**	H *GN*	BN
10303	**GN**	H *GN*	BN		10319	**GN**	H *GN*	BN
10304	**GN**	H *GN*	BN		10320 r	**GN**	H *GN*	BN
10305	**GN**	H *GN*	BN		10321	**GN**	H *GN*	BN
10306	**GN**	H *GN*	BN		10323	**GN**	H *GN*	BN
10307	**GN**	H *GN*	BN		10324	**GN**	H *GN*	BN
10308	**GN**	H *GN*	BN		10325	**GN**	H *GN*	BN
10309	**GN**	H *GN*	BN		10326	**GN**	H *GN*	BN
10310	**GN**	H *GN*	BN		10328	**GN**	H *GN*	BN
10311	**GN**	H *GN*	BN		10329	**GN**	H *GN*	BN
10312	**GN**	H *GN*	BN		10330	**GN**	H *GN*	BN
10313	**GN**	H *GN*	BN		10331	**GN**	H *GN*	BN
10314	**GN**	H *GN*	BN		10332	**GN**	H *GN*	BN
10315	**GN**	H *GN*	BN		10333	**GN**	H *GN*	BN

AU4G (SLEP)　　SLEEPING CAR WITH PANTRY

Mark 3A. Air conditioned. Retention toilets. 12 compartments with a fixed lower berth and a hinged upper berth, plus an attendants compartment. 2T BT10 bogies. ETH 7X.

Lot No. 30960 Derby 1981–83. 41 t.

10500			SA		ZF	10522	d	**CS**	P	*SR*	IS
10501	d	**CS**	P	*SR*	IS	10523	d	**CS**	P	*SR*	IS
10502	d	**CS**	P	*SR*	IS	10526	d	**CS**	P	*SR*	IS
10503			SA		ZF	10527	d	**CS**	P	*SR*	IS
10504	d	**CS**	P	*SR*	IS	10529	d	**CS**	P	*SR*	IS
10506	d	**CS**	P	*SR*	IS	10531	d	**CS**	P	*SR*	IS
10507	d	**CS**	P	*SR*	IS	10532	d	**FP**	P	*GW*	PZ
10508	d	**CS**	P	*SR*	IS	10533			CD		MM
10510	d		P		IS	10534	d	**FP**	P	*GW*	PZ
10513	d	**CS**	P	*SR*	IS	10538	d		P		KT
10514			SA		ZF	10539	d		P		KT
10515	d		P		IS	10540	d		CD		MM
10516	d	**CS**	P	*SR*	IS	10542	d	**CS**	P	*SR*	IS
10519	d	**CS**	P	*SR*	IS	10543	d	**CS**	P	*SR*	IS
10520	d	**CS**	P	*SR*	IS	10544	d	**CS**	P	*SR*	IS

10546		CD		MM		10580 d	**CS**	P SR	IS
10547 d		P		IS		10582 d		P	CT
10548 d	**CS**	P	SR	IS		10583 d	**FP**	P	ZN
10549 d		P		MM		10584 d	**FP**	P GW	PZ
10550 d		CD		MM		10586 d		P	KT
10551 d	**CS**	P	SR	IS		10588 d	**FP**	P GW	PZ
10553 d	**CS**	P	SR	IS		10589 d	**FP**	P GW	PZ
10554 d		CD		MM		10590 d	**FP**	P GW	PZ
10555 d		P		KT		10592		P	KT
10557 d		CD		MM		10594 d	**FP**	P GW	PZ
10559 d		P		KT		10596 d		P	KT
10561 d	**CS**	P	SR	IS		10597 d	**CS**	P SR	IS
10562 d	**CS**	P	SR	IS		10598 d	**CS**	P SR	IS
10563 d	**FP**	P	GW	PZ		10600 d	**CS**	P SR	IS
10565 d	**CS**	P	SR	IS		10601 d	**FP**	P GW	PZ
10566		P		MM		10604		CD	MM
10569 d	**PC**	VS	SS	SL		10605 d	**CS**	P SR	IS
10570		P		CT		10607 d	**CS**	P SR	IS
10571		SA		FP		10610 d	**CS**	P SR	IS
10572		CD		MM		10612 d	**FP**	P GW	PZ
10574		E		OM		10613 d	**CS**	P SR	IS
10575		SA		ZF		10614 d	**CS**	P SR	IS
10577	**BG**	CD		MM		10616 d	**FP**	P GW	PZ
10579	**BG**	P		CT		10617 d	**CS**	P SR	IS

AS4G/AQ4G* (SLE/SLED*) SLEEPING CAR

Mark 3A. Air conditioned. Retention toilets. 13 compartments with a fixed lower berth and a hinged upper berth (* 11 compartments with a fixed lower berth and a hinged upper berth + one compartment for a disabled person). 2T. BT10 bogies. ETH 6X.

Notes:

10704 has Siemens bogies.
10729 is leased to Venice Simplon Orient Express.
10734 was originally 2914 and used as a Royal Train staff sleeping car. It has 12 berths and a shower room and is ETH11X.

10646–10732. Lot No. 30961 Derby 1980–84. 43.5 t.
10734. Lot No. 31002 Derby/Wolverton 1985. 42.5 t.

10646		E		OM		10658 d		P	KT
10647 d		P		KT		10660 d		CD	MM
10648 d*	**CS**	P	SR	IS		10662		CD	MM
10649 d		P		KT		10663 d		P SR	IS
10650 d*	**CS**	P	SR	IS		10666 d*	**CS**	P SR	IS
10651 d		CD		MM		10675 d	**CS**	P SR	IS
10653 d		CD		MM		10678	**BG**	P	KT
10654 d		CD		MM		10679	**BG**	P	KT
10655		SA		ZF		10680 d*	**CS**	P SR	IS
10657		SA		ZF		10682 d		CD	MM

10683–11060　　　　　　　　　　　　　　　　　　　　　　　　　　　45

10683	d	**CS**	P	*SR*	IS	10712	d	CD	MM
10686	d		CD		MM	10713	d	CD	MM
10687	d		P		MM	10714	d* **CS**	P	*SR*	IS
10688	d	**CS**	P	*SR*	IS	10716	d	CD	MM
10689	d* **CS**	P	*SR*	IS	10718	d* **CS**	P	*SR*	IS
10690	d	**CS**	P	*SR*	IS	10719	d* **CS**	P	*SR*	IS
10691	d		P		MM	10720		P		KT
10692	d		P		MM	10722	d* **CS**	P	*SR*	IS
10693	d	**CS**	P	*SR*	IS	10723	d* **CS**	P	*SR*	IS
10697	d		P		KT	10724		SA		FP
10699	d* **CS**	P	*SR*	IS	10725		SA		ZF
10701			P		KT	10726		SA		ZF
10702			SA		ZF	10727		SA		ZF
10703	d	**CS**	P	*SR*	IS	10729	**VN**	SA	*SS*	CP
10704	d		AE	*AE*	ZA	10730	d	CD		MM
10706	d* **CS**	P	*SR*	IS	10731	d	P		KT
10709	d		P		MM	10732	d	P		KT
10710	d		P		KT	10734		**RP**	RV	CP
10711	d		CD		MM					

AD1G (FO)　　　　　　　　　　　　　　　　　　　　OPEN FIRST

Mark 3A. Air conditioned. All now refurbished with table lamps and new seat cushions and trim. 48/– 2T (* 48/– 1T 1TD). BT10 bogies. d. ETH 6X.

11005–7 were open composites 11905–7 for a time.

Lot No. 30878 Derby 1975–76. 34.3 t.

11005		**V**	P	*VW*	MA	11031	**V**	P	*VW*	MA
11006		**V**	P	*VW*	MA	11033	**V**	P	*VW*	MA
11007		**V**	P	*VW*	MA	11036	**V**	P	*VW*	MA
11011	*	**V**	P	*VW*	MA	11037	**V**	P		LT
11013		**V**	P	*VW*	MA	11038	**V**	P		LT
11016		**V**	P		LT	11039	**V**	P		LT
11017		**V**	P	*VW*	MA	11040	**V**	P	*VW*	MA
11018		**V**	P	*VW*	MA	11042	**V**	P	*VW*	MA
11019		**V**	P	*VW*	MA	11044	**V**	P	*VW*	MA
11020		**V**	P	*VW*	MA	11045	**V**	P		LT
11021		**V**	P	*VW*	MA	11046	**V**	P	*VW*	MA
11023		**V**	P		LT	11048	**V**	P		LT
11024		**V**	P	*VW*	MA	11052	**V**	P	*VW*	MA
11026		**V**	P	*VW*	MA	11054	**V**	P	*VW*	MA
11027		**V**	P	*VW*	MA	11055	**V**	P	*VW*	MA
11028		**V**	P	*VW*	MA	11058	**V**	P	*VW*	MA
11029		**V**	P	*VW*	MA	11060	**V**	P	*VW*	MA
11030		**V**	P	*VW*	MA					

AD1H (FO)　　　　　　　　　　　　　　　　　　　　OPEN FIRST

Mark 3B. Air conditioned. Inter-City 80 seats. All now refurbished with table lamps and new seat cushions and trim. 48/– 2T. BT10 bogies. d. ETH 6X.

Lot No. 30982 Derby 1985. 36.5 t.

11064		**V**	P	LT	11083 p	**V**	P	*VW*	MA
11065		**V**	P	*VW*	MA	11084	**V**	P	*VW*	MA
11066		**V**	P	*VW*	MA	11085	**V**	P	*VW*	MA
11067		**V**	P	*VW*	MA	11086	**V**	P	*VW*	MA
11068		**V**	P	*VW*	MA	11087	**V**	P	*VW*	MA
11069		**V**	P	*VW*	MA	11088	**V**	P	*VW*	MA
11070		**V**	P	*VW*	MA	11089 p	**V**	P	*VW*	MA
11071		**V**	P	*VW*	MA	11090	**V**	P	*VW*	MA
11072		**V**	P	LT	11091	**V**	P	*VW*	MA
11073		**V**	P	*VW*	MA	11092 p	**V**	P	*VW*	MA
11074		**V**	P	*VW*	MA	11093 p	**V**	P	*VW*	MA
11075		**V**	P	*VW*	MA	11094 p	**V**	P	*VW*	MA
11076		**V**	P	*VW*	MA	11095 p	**V**	P	*VW*	MA
11077		**V**	P	*VW*	MA	11096 p	**V**	P	*VW*	MA
11078		**V**	P	*VW*	MA	11097 p	**V**	P	*VW*	MA
11079		**V**	P	*VW*	MA	11098 p	**V**	P	*VW*	MA
11080		**V**	P	*VW*	MA	11099 p	**V**	P	*VW*	MA
11081		**V**	P	LT	11100	**V**	P	*VW*	MA
11082		**V**	P	*VW*	MA	11101 p	**V**	P	*VW*	MA

AD1J (FO) — OPEN FIRST

Mark 4. Air conditioned. 46/– 1T. BT41 bogies. ETH 6X.

r Rebuilt with new interior Bombardier Wakefield 2003–05.

Notes: 11264–71 were cancelled and 11277 was rebuilt from 12408.

Lot No. 31046 Metro-Cammell 1989–92. 39.7 t.

11200		**GN**	H *GN*	BN	11223	**GN**	H *GN*	BN
11201 p	**GN**	H *GN*	BN	11225 p	**GN**	H *GN*	BN
11202		**GN**	H *GN*	BN	11226	**GN**	H *GN*	BN
11203 p	**GN**	H *GN*	BN	11227 p	**GN**	H *GN*	BN
11204 p	**GN**	H *GN*	BN	11228 p	**GN**	H *GN*	BN
11205		**GN**	H *GN*	BN	11229 p	**GN**	H *GN*	BN
11206		**GN**	H *GN*	BN	11230	**GN**	H *GN*	BN
11207 p	**GN**	H *GN*	BN	11231 p	**GN**	H *GN*	BN
11208		**GN**	H *GN*	BN	11232	**GN**	H *GN*	BN
11209		**GN**	H *GN*	BN	11233 p	**GN**	H *GN*	BN
11210		**GN**	H *GN*	BN	11234	**GN**	H *GN*	BN
11212		**GN**	H *GN*	BN	11235 p	**GN**	H *GN*	BN
11214 p	**GN**	H *GN*	BN	11236	**GN**	H *GN*	BN
11215		**GN**	H *GN*	BN	11237 p	**GN**	H *GN*	BN
11216		**GN**	H *GN*	BN	11238	**GN**	H *GN*	BN
11217 p	**GN**	H *GN*	BN	11239 p	**GN**	H *GN*	BN
11218		**GN**	H *GN*	BN	11240	**GN**	H *GN*	BN
11219 p	**GN**	H *GN*	BN	11241	**GN**	H *GN*	BN
11220		**GN**	H *GN*	BN	11242 p	**GN**	H *GN*	BN
11221 p	**GN**	H *GN*	BN	11243 p	**GN**	H *GN*	BN
11222 p	**GN**	H *GN*	BN	11244	**GN**	H *GN*	BN

11245–11420								47

11245	p	**GN**	H *GN*	BN		11257	p	**GN**	H *GN*	BN
11246	p	**GN**	H *GN*	BN		11259	p	**GN**	H *GN*	BN
11247	p	**GN**	H *GN*	BN		11260		**GN**	H *GN*	BN
11248		**GN**	H *GN*	BN		11261	p	**GN**	H *GN*	BN
11249	p	**GN**	H *GN*	BN		11262		**GN**	H *GN*	BN
11250		**GN**	H *GN*	BN		11263	p	**GN**	H *GN*	BN
11251	p	**GN**	H *GN*	BN		11272		**GN**	H *GN*	BN
11252		**GN**	H *GN*	BN		11273		**GN**	H *GN*	BN
11253	p	**GN**	H *GN*	BN		11274		**GN**	H *GN*	BN
11254		**GN**	H *GN*	BN		11275		**GN**	H *GN*	BN
11255	p	**GN**	H *GN*	BN		11276		**GN**	H *GN*	BN
11256		**GN**	H *GN*	BN		11277	r	**GN**	H *GN*	BN

AD1J (FOD) OPEN FIRST (DISABLED)

Mark 4. Air conditioned. Rebuilt from FO by Bombardier Wakefield 2003–05. 42/– 1W 1TD. BT41 bogies. ETH 6X.

Lot No. 31046 Metro-Cammell 1989–92. 39.7 t.

11301	(	)	**GN** H		11316	(	)	**GN** H
11302	(	)	**GN** H		11317	(	)	**GN** H
11303	(11211)		**GN** H *GN* BN		11318	(	)	**GN** H
11304	(	)	**GN** H		11319	(	)	**GN** H
11305	(	)	**GN** H		11320	(	)	**GN** H
11306	(	)	**GN** H		11321	(	)	**GN** H
11307	(	)	**GN** H		11322	(	)	**GN** H
11308	(	)	**GN** H		11323	(	)	**GN** H
11309	(	)	**GN** H		11324	(	)	**GN** H
11310	(	)	**GN** H		11325	(	)	**GN** H
11311	(	)	**GN** H		11326	(	)	**GN** H
11312	(	)	**GN** H		11327	(	)	**GN** H
11313	(	)	**GN** H		11328	(	)	**GN** H
11314	(	)	**GN** H		11329	(	)	**GN** H
11315	(	)	**GN** H		11330	(	)	**GN** H

AD1J (FOS) OPEN FIRST (SMOKING)

Mark 4. Air conditioned. Rebuilt from FO by Bombardier Wakefield 2003–05. 46/– 1W 1TD. Partitioned off area for 7 smokers. BT41 bogies. ETH 6X.

Lot Nos. 31046/31049 Metro-Cammell 1989–92.

11401	(	)	**GN** H		11411	(	)	**GN** H
11402	(	)	**GN** H		11412	(	)	**GN** H
11403	(11258)		**GN** H *GN* BN		11413	(	)	**GN** H
11404	(	)	**GN** H		11414	(	)	**GN** H
11405	(	)	**GN** H		11415	(	)	**GN** H
11406	(	)	**GN** H		11416	(	)	**GN** H
11407	(	)	**GN** H		11417	(	)	**GN** H
11408	(	)	**GN** H		11418	(	)	**GN** H
11409	(	)	**GN** H		11419	(	)	**GN** H
11410	(	)	**GN** H		11420	(	)	**GN** H

48　　　　　　　　　　　　　　　　　　　　　　　　　11421–12077

11421	(	)	**GN** H	11426	(	)	**GN** H
11422	(	)	**GN** H	11427	(	)	**GN** H
11423	(	)	**GN** H	11428	(	)	**GN** H
11424	(	)	**GN** H	11429	(	)	**GN** H
11425	(	)	**GN** H	11430	(	)	**GN** H

AC2G (TSO)　　　　　　　　　　　　　　　　OPEN STANDARD

Mark 3A. Air conditioned. All refurbished with modified seat backs and new layout and now further refurbished with new seat trim. –/76 2T (s –/70 2T 2W, z –/70 1TD 1T 2W). BT10 (* BREL T4) bogies. d. ETH 6X.

Note: 12169–72 were converted from open composites 11908–10/22, formerly FOs 11008–10/22.

Lot No. 30877 Derby 1975–77. 34.3 t.

12004		**V**	P	*VW*	MA	12042 s	**V**	P *VW*	MA
12005		**V**	P	*VW*	MA	12043	**V**	P *VW*	MA
12007		**V**	P	*VW*	MA	12044	**V**	P *VW*	MA
12008		**V**	P	*VW*	MA	12045	**V**	P *VW*	MA
12009		**V**	P	*VW*	MA	12046	**V**	P	LT
12010		**V**	P	*VW*	MA	12047 z	**V**	P *VW*	MA
12011		**V**	P	*VW*	MA	12048	**V**	P *VW*	MA
12012		**V**	P	*VW*	MA	12049	**V**	P *VW*	MA
12013		**V**	P	*VW*	MA	12050 s	**V**	P *VW*	MA
12014		**V**	P	*VW*	MA	12051	**V**	P *VW*	MA
12015		**V**	P	*VW*	MA	12052	**V**	P *VW*	MA
12016		**V**	P	*VW*	MA	12053	**V**	P *VW*	MA
12017		**V**	P	*VW*	MA	12054 s	**V**	P *VW*	MA
12019		**V**	P	*VW*	MA	12055	**V**	P *VW*	MA
12020		**V**	P	*VW*	MA	12056	**V**	P *VW*	MA
12021		**V**	P	*VW*	MA	12057	**V**	P *VW*	MA
12022		**V**	P	*VW*	MA	12058	**V**	P *VW*	MA
12023		**V**	P	*VW*	MA	12059 s	**V**	P *VW*	MA
12024 s		**V**	P	*VW*	MA	12060	**V**	P *VW*	MA
12025		**V**	P	*VW*	MA	12061 s	**V**	P *VW*	MA
12026		**V**	P	*VW*	MA	12062	**V**	P *VW*	MA
12027		**V**	P	*VW*	MA	12063	**V**	P *VW*	MA
12028		**V**	P	*VW*	MA	12064	**V**	P *VW*	MA
12029		**V**	P	*VW*	MA	12065	**V**	P	LT
12030		**V**	P	*VW*	MA	12066	**V**	P *VW*	MA
12031		**V**	P	*VW*	MA	12067	**V**	P *VW*	MA
12032		**V**	P		LT	12068	**V**	P *VW*	MA
12033 z		**V**	P	*VW*	MA	12069	**V**	P *VW*	MA
12034		**V**	P	*VW*	MA	12070	**V**	P *VW*	MA
12035		**V**	P	*VW*	MA	12071	**V**	P *VW*	MA
12036 s		**V**	P	*VW*	MA	12072	**V**	P *VW*	MA
12037		**V**	P	*VW*	MA	12073	**V**	P *VW*	MA
12038		**V**	P	*VW*	MA	12075	**V**	P *VW*	MA
12040		**V**	P		LT	12076	**V**	P *VW*	MA
12041		**V**	P		LT	12077	**V**	P *VW*	MA

12078	**V**	P	VW	MA	12125	**V**	P	VW	MA
12079	**V**	P	VW	MA	12126	**V**	P	VW	MA
12080	**V**	P	VW	MA	12127	**V**	P	VW	MA
12081	**V**	P		LT	12128 s	**V**	P	VW	MA
12082	**V**	P		LT	12129	**V**	P	VW	MA
12083	**V**	P	VW	MA	12130	**V**	P	VW	MA
12084	**V**	P	VW	MA	12131	**V**	P	VW	MA
12085 s	**V**	P	VW	MA	12132	**V**	P	VW	MA
12086 s	**V**	P	VW	MA	12133	**V**	P		LT
12087 s	**V**	P	VW	MA	12134	**V**	P		LT
12088 z	**V**	P		LT	12135	**V**	P	VW	MA
12089	**V**	P	VW	MA	12136	**V**	P	VW	MA
12090	**V**	P	VW	MA	12137	**V**	P		LT
12091	**V**	P	VW	MA	12138	**V**	P	VW	MA
12092	**V**	P	VW	MA	12139	**V**	P	VW	MA
12093	**V**	P	VW	MA	12140 z*	**V**	P	VW	MA
12094	**V**	P	VW	MA	12141	**V**	P	VW	MA
12095	**V**	P	VW	MA	12142 z	**V**	P	VW	MA
12096	**V**	P	VW	MA	12143	**V**	P	VW	MA
12097	**V**	P	VW	MA	12144 s	**V**	P	VW	MA
12098	**V**	P	VW	MA	12145	**V**	P	VW	MA
12099	**V**	P		LT	12146	**V**	P	VW	MA
12100 z	**V**	P		LT	12147	**V**	P		LT
12101 s	**V**	P	VW	MA	12148	**V**	P		LT
12102	**V**	P	VW	MA	12149	**V**	P	VW	MA
12103 s	**V**	P	VW	MA	12150	**V**	P	VW	MA
12104	**V**	P	VW	MA	12151	**V**	P		LT
12105	**V**	P	VW	MA	12152	**V**	P	VW	MA
12106	**V**	P	VW	MA	12153	**V**	P		LT
12107	**V**	P	VW	MA	12154	**V**	P	VW	MA
12108 s	**V**	P	VW	MA	12155 s	**V**	P	VW	MA
12109 s	**V**	P	VW	MA	12156	**V**	P	VW	MA
12110	**V**	P	VW	MA	12157	**V**	P	VW	MA
12111	**V**	P	VW	MA	12158	**V**	P	VW	MA
12112 z	**V**	P	VW	MA	12159	**V**	P	VW	MA
12113	**V**	P	VW	MA	12160 s	**V**	P	VW	MA
12114	**V**	P	VW	MA	12161 z	**V**	P		LT
12115	**V**	P	VW	MA	12163	**V**	P	VW	MA
12116	**V**	P		LT	12164	**V**	P	VW	MA
12117	**V**	P	VW	MA	12165	**V**	P	VW	MA
12118	**V**	P	VW	MA	12166	**V**	P		LT
12119	**V**	P		LT	12167	**V**	P	VW	MA
12120	**V**	P	VW	MA	12168 s	**V**	P		LT
12121	**V**	P	VW	MA	12169 s	**V**	P	VW	MA
12122 z	**V**	P	VW	MA	12170 s	**V**	P	VW	MA
12123	**V**	P	VW	MA	12171 s	**V**	P	VW	MA
12124	**V**	P	VW	MA	12172 s	**V**	P	VW	MA

AI2J (TSOE) OPEN STANDARD (END)

Mark 4. Air conditioned. –/74 2T. BT41 bogies. ETH 6X.

r Rebuilt with new interior Bombardier Wakefield 2003–05. Partitioned off area for 24 smokers.

Lot No. 31047 Metro-Cammell 1989–91. 39.5 t.

Note: 12232 was converted from the original 12405.

12200	**GN**	H *GN*	BN	12216	**GN**	H *GN*	BN
12201	**GN**	H *GN*	BN	12217	**GN**	H *GN*	BN
12202	**GN**	H *GN*	BN	12218	**GN**	H *GN*	BN
12203	**GN**	H *GN*	BN	12219	**GN**	H *GN*	BN
12204	**GN**	H *GN*	BN	12220	**GN**	H *GN*	BN
12205	**GN**	H *GN*	BN	12222	**GN**	H *GN*	BN
12206		H	ZF	12223	**GN**	H *GN*	BN
12207 r	**GN**	H *GN*	BN	12224	**GN**	H *GN*	BN
12208	**GN**	H *GN*	BN	12225	**GN**	H *GN*	BN
12209	**GN**	H *GN*	BN	12226	**GN**	H *GN*	BN
12210	**GN**	H *GN*	BN	12227	**GN**	H *GN*	BN
12211	**GN**	H *GN*	BN	12228	**GN**	H *GN*	BN
12212	**GN**	H *GN*	BN	12229	**GN**	H *GN*	BN
12213	**GN**	H *GN*	BN	12230	**GN**	H *GN*	BN
12214	**GN**	H *GN*	BN	12231	**GN**	H *GN*	BN
12215	**GN**	H *GN*	BN	12232	**GN**	H *GN*	BN

AL2J (TSOD) OPEN STANDARD (DISABLED ACCESS)

Mark 4. Air conditioned. –/72 1W 1TD. BT41 bogies. p. ETH 6X.

r Rebuilt with new interior Bombardier Wakefield 2003–05. –/68 2W 1TD.

Lot No. 31048 Metro-Cammell 1989–91. 39.4 t.

12300	**GN**	H *GN*	BN	12317	**GN**	H *GN*	BN
12301 r	**GN**	H *GN*	BN	12318	**GN**	H *GN*	BN
12302	**GN**	H *GN*	BN	12319	**GN**	H *GN*	BN
12303	**GN**	H *GN*	BN	12320	**GN**	H *GN*	BN
12304	**GN**	H *GN*	BN	12321	**GN**	H *GN*	BN
12305	**GN**	H *GN*	BN	12322	**GN**	H *GN*	BN
12307	**GN**	H *GN*	BN	12323	**GN**	H *GN*	BN
12308	**GN**	H *GN*	BN	12324	**GN**	H *GN*	BN
12309	**GN**	H *GN*	BN	12325	**GN**	H *GN*	BN
12310	**GN**	H *GN*	BN	12326	**GN**	H *GN*	BN
12311	**GN**	H *GN*	BN	12327	**GN**	H *GN*	BN
12312	**GN**	H *GN*	BN	12328	**GN**	H *GN*	BN
12313	**GN**	H *GN*	BN	12329	**GN**	H *GN*	BN
12315	**GN**	H *GN*	BN	12330	**GN**	H *GN*	BN
12316	**GN**	H *GN*	BN				

12400–12481

AC2J (TSO)   OPEN STANDARD

Mark 4. Air conditioned. –/74 2T. BT41 bogies. ETH 6X.

r Rebuilt with new interior Bombardier Wakefield 2003–05.

Lot No. 31049 Metro-Cammell 1989–92. 39.9 t.

Note: 12405 is the second coach to carry that number. It was built from the bodyshell originally intended for 12221. The original 12405 is now 12232. 12490–12512 were cancelled.

12400	r	**GN**	H *GN*	BN	12442	**GN**	H *GN*	BN
12401		**GN**	H *GN*	BN	12443	**GN**	H *GN*	BN
12402		**GN**	H *GN*	BN	12444	**GN**	H *GN*	BN
12403		**GN**	H *GN*	BN	12445	**GN**	H *GN*	BN
12404		**GN**	H *GN*	BN	12446	**GN**	H *GN*	BN
12405		**GN**	H *GN*	BN	12447	**GN**	H *GN*	BN
12406		**GN**	H *GN*	BN	12448	**GN**	H *GN*	BN
12407		**GN**	H *GN*	BN	12449	**GN**	H *GN*	BN
12409		**GN**	H *GN*	BN	12450	**GN**	H *GN*	BN
12410		**GN**	H *GN*	BN	12451	**GN**	H *GN*	BN
12411		**GN**	H *GN*	BN	12452	**GN**	H *GN*	BN
12413		**GN**	H	ZF	12453	**GN**	H *GN*	BN
12414		**GN**	H *GN*	BN	12454	**GN**	H *GN*	BN
12415		**GN**	H *GN*	BN	12455	**GN**	H *GN*	BN
12416		**GN**	H *GN*	BN	12456	**GN**	H *GN*	BN
12417		**GN**	H *GN*	BN	12457	**GN**	H *GN*	BN
12418		**GN**	H *GN*	BN	12458	**GN**	H *GN*	BN
12419		**GN**	H *GN*	BN	12459 r	**GN**	H *GN*	BN
12420		**GN**	H *GN*	BN	12460	**GN**	H *GN*	BN
12421		**GN**	H *GN*	BN	12461	**GN**	H *GN*	BN
12422		**GN**	H *GN*	BN	12462	**GN**	H *GN*	BN
12423		**GN**	H *GN*	BN	12463	**GN**	H *GN*	BN
12424		**GN**	H *GN*	BN	12464	**GN**	H *GN*	BN
12425		**GN**	H *GN*	BN	12465	**GN**	H *GN*	BN
12426		**GN**	H *GN*	BN	12466	**GN**	H *GN*	BN
12427		**GN**	H *GN*	BN	12467	**GN**	H *GN*	BN
12428		**GN**	H *GN*	BN	12468	**GN**	H *GN*	BN
12429		**GN**	H *GN*	BN	12469	**GN**	H *GN*	BN
12430		**GN**	H *GN*	BN	12470	**GN**	H *GN*	BN
12431		**GN**	H *GN*	BN	12471	**GN**	H *GN*	BN
12432		**GN**	H *GN*	BN	12472	**GN**	H *GN*	BN
12433		**GN**	H *GN*	BN	12473	**GN**	H *GN*	BN
12434		**GN**	H *GN*	BN	12474	**GN**	H *GN*	BN
12435		**GN**	H *GN*	BN	12475	**GN**	H *GN*	BN
12436		**GN**	H *GN*	BN	12476	**GN**	H *GN*	BN
12437		**GN**	H *GN*	BN	12477	**GN**	H *GN*	BN
12438		**GN**	H *GN*	BN	12478 r	**GN**	H *GN*	BN
12439		**GN**	H *GN*	BN	12479	**GN**	H *GN*	BN
12440		**GN**	H *GN*	BN	12480	**GN**	H *GN*	BN
12441		**GN**	H *GN*	BN	12481	**GN**	H *GN*	BN

12482–13509

12482	**GN**	H *GN*	BN		12522	**GN**	H *GN*	BN
12483	**GN**	H *GN*	BN		12523	**GN**	H *GN*	BN
12484	**GN**	H *GN*	BN		12524	**GN**	H *GN*	BN
12485	**GN**	H *GN*	BN		12526	**GN**	H *GN*	BN
12486	**GN**	H *GN*	BN		12527	**GN**	H *GN*	BN
12487	**GN**	H *GN*	BN		12528	**GN**	H *GN*	BN
12488	**GN**	H *GN*	BN		12529	**GN**	H *GN*	BN
12489	**GN**	H *GN*	BN		12530	**GN**	H *GN*	BN
12513	**GN**	H *GN*	BN		12531	**GN**	H *GN*	BN
12514	**GN**	H *GN*	BN		12532	**GN**	H *GN*	BN
12515	**GN**	H *GN*	BN		12533	**GN**	H *GN*	BN
12517	**GN**	H *GN*	BN		12534	**GN**	H *GN*	BN
12518	**GN**	H *GN*	BN		12535	**GN**	H *GN*	BN
12519	**GN**	H *GN*	BN		12536	**GN**	H *GN*	BN
12520	**GN**	H *GN*	BN		12537	**GN**	H *GN*	BN
12521	**GN**	H *GN*	BN		12538	**GN**	H *GN*	BN

AA11 (FK) CORRIDOR FIRST

Mark 1. 42/– 2T. ETH 3.

13225–13230. Lot No. 30381 Swindon 1959. B4 bogies. 33 t.
13321. Lot No. 30667 Swindon 1962. Commonwealth bogies. 36 t.

| 13225 | k | **RR** | H | EC | | 13230 | xk | **M** | BK *SS* | BT |
| 13229 | xk | **M** | BK *SS* | BT | | 13321 | x | **M** | WC *SS* | CS |

AA1A (FK) CORRIDOR FIRST

Mark 2A. Pressure ventilated. 42/– 2T. B4 bogies. ETH 4.

13440. Lot No. 30774 Derby 1968. 33 t.
13474. Lot No. 30785 Derby 1968. 33 t.

| 13440 | v | **G** | MH *SS* | RL | | 13474 | v | **G** | MH *SS* | RL |

AD1B (FO) OPEN FIRST

Mark 2B. Pressure ventilated. 42/– 2T. B4 bogies. ETH 4.

Lot No. 30789 Derby 1968. 33 t.

These three vehicles were built as FKs, sold to Northern Ireland Railways 1980 and regauged to 5'3". NIR converted them to 56-seater TSOs. Since withdrawn, repatriated to Britain and converted back to standard gauge 2002/3. Under conversion to FO.

13498	(13498, NIR926)	**PC**	WT	LC
13508	(13508, NIR924)	**PC**	WT	LC
13509	(13509, NIR920)	**PC**	WT	LC

AA1D (FK) CORRIDOR FIRST

Mark 2D. Air conditioned (Stones). 42/– 2T. B4 bogies. ETH 5.

Lot No. 30825 Derby 1971–72. 34.5 t.

| 13582 | E | KT | 13607 | E | FP |
| 13604 | E | FP | | | |

AB11 (BFK) CORRIDOR BRAKE FIRST

Mark 1. 24/– 1T. Commonwealth bogies. ETH 2.

14007. Lot No. 30382 Swindon 1959. 35 t.
17013–17019. Lot No. 30668 Swindon 1961. 36 t.
17023. Lot No. 30718 Swindon 1963. Metal window frames. 36 t.

Originally numbered in 14xxx series and then renumbered in 17xxx series.

14007	x	**M**	B1	*LS*	Great Central	17018	v	**CH**	VT	*SS*	TM
17013		**PC**	FS	*LS*	SO	17019	x	**M**	NE	*LS*	BQ
17015	x	**G**	E	*SS*	BN	17023	x	**G**	E	*SS*	BN

AB1A (BFK) CORRIDOR BRAKE FIRST

Mark 2A. Pressure ventilated. 24/– 1T. B4 bogies. ETH 4.

17056–17077. Lot No. 30775 Derby 1967–8. 32 t.
17079–17102. Lot No. 30786 Derby 1968. 32 t.

Originally numbered 14056–102. 17079/90 were numbered 35515/03 for a time when declassified.

Note: 17090 is leased to Vintage Trains.

* Cage removed from brake compartment.

17056		**CH**	RV	*SS*	CP	17086		**RV**	RV	*SS*	CP
17058		**N**	H		KT	17090	v	**CH**	H	*SS*	TM
17077		**RV**	RV	*SS*	CP	17096		**G**	MN	*LS*	SL
17079	*	**RR**	RV		CP	17102		**M**	WC	*SS*	CS

AX5B COUCHETTE/GENERATOR COACH

Mark 2B. Formerly part of Royal Train. Converted from a BFK built 1969. Consists of luggage accommodation, guard's compartment, 350 kW diesel generator and staff sleeping accommodation. Pressure ventilated. B5 bogies. ETH 5X.

Non-standard Livery: 17105 is Oxford blue.

Lot No. 30888 Wolverton 1977. 46 t.

17105 (14105, 2905) **0** RV *SS* OM

AB1D (BFK)   CORRIDOR BRAKE FIRST

Mark 2D. Air conditioned (Stones equipment). 24/– 1T. B4 Bogies. ETH 5.

Lot No. 30823 Derby 1971–72. 33.5 t.

Non-Standard Livery: 17141 is as **WV** without lining.

Originally numbered 14141–72.

17141	**O**	E		FP	17163		VS		CO
17144		NR	SO	DY	17165		E		FP
17146		NR	SO	DY	17167	**VN**	VS	SS	CP
17151		VS		CP	17168	**M**	WC	SS	CS
17153	**WR**	E		CS	17169		E		CS
17156		MA		DY	17170		FR		DY
17159	**CH**	RV		OM	17172		E		FP
17161		E		OM					

AE1G (BFO)   OPEN BRAKE FIRST

Mark 3B. Air conditioned. Fitted with hydraulic handbrake. Refurbished with table lamps and burgundy seat trim. 36/– 1T (w 35/– 1T) BT10 bogies. pg. d. ETH 5X.

Lot No. 30990 Derby 1986. 35.81 t.

17173		**V**	P	VW	MA	17175	w	**V**	P	VW	MA
17174		**V**	P	VW	MA						

AA21 (SK)   CORRIDOR STANDARD

Mark 1. Each vehicle has eight compartments. All remaining vehicles have metal window frames and melamine interior panelling. Commonwealth bogies. –/48 2T. ETH 4.

18756–18893. Lot No. 30685 Derby 1961–62. 36 t.
19013. Lot No. 30719 Derby 1962. 37 t.

Non-Standard Livery: 19013 is Pilkington's K (green with white/red chevron and light blue block).

t Rebuilt internally as TSO using components from 4936. –/64 2T.

Originally numbered 25756–26013.

18756	x	**M**	WC	SS	CS	18862	x	**M**	WC	SS	CS
18767	x	**CH**	WC	SS	CS	18893	x	**CH**	WC	SS	CS
18806	xt	**M**	WC	SS	CS	19013	x	**O**	WC	SS	CS
18808	x	**M**	WC	SS	CS						

AB31 (BCK)   CORRIDOR BRAKE COMPOSITE

Mark 1. There are two variants depending upon whether the standard class compartments have armrests. Each vehicle has two first class and three standard class compartments. 12/18 2T (12/24 2T *). ETH 2.

21224–35508

21224. Lot No. 30245. Metro-Cammell 1958. B4 bogies. 33 t.
21232. Lot No. 30574 GRCW 1960. B4 bogies. 34 t.
21241–21246. Lot No. 30669 Swindon 1961–62. Commonwealth bogies. 36 t.
21252–21256. Lot No. 30731 Derby 1963. Commonwealth bogies. 37 t.
21266–21272. Lot No. 30732 Derby 1964. Commonwealth bogies. 37 t.

Non-Standard Livery: 21232 is in BR Carmine & Cream lined out in black and gold.

21224		**VN**	RV	*SS*	CP	21256	x	**M**	WC *SS*	CS
21232	x	**O**	62	*LS*	SK	21266	x* **M**	WC *SS*	CS
21241	x	**M**	BK	*SS*	BT	21268	*		FS	SO
21245	x	**M**	E	*SS*	OM	21269	*	**GC**	E *SS*	BN
21246		**BG**	E	*SS*	OM	21272	x* **CH**	RV *SS*	CP
21252	v	**G**	MH	*SS*	RL					

AB21 (BSK)   CORRIDOR BRAKE STANDARD

Mark 1. There are two variants depending upon whether the compartments have armrests. Each vehicle has four compartments. Lots 30699 and 30721 have metal window frames and melamine interior panelling. –/24 1T (–/32 1T*). ETH2.

b In use as a Pendolino barrier vehicle.
g Fitted with an e.t.s. generator.

34991. Lot No. 30229 Metro-Cammell 1956–57. Commonwealth bogies. 36 t.
35185. Lot No. 30427 Wolverton 1959. B4 bogies. 33 t.
35317–35333. Lot No. 30699 Wolverton 1962–63. Commonwealth bogies. 37 t.
35407–35486. Lot No. 30721 Wolverton 1963. Commonwealth bogies. 37 t.

Non-Standard Liveries:

35322 and 35407 are in London & North Western Railway livery.
35465 is in BR Carmine & Cream lined out in black and gold.

34991	*	**PC**	VS	*SS*	SL	35461	x	**CH**	RV *LS*	OM
35185	x	**M**	BK	*SS*	BT	35463	v	**M**	WC *LS*	CS
35317	x	**G**	WT	*LS*	OM	35465	x	**O**	LW *LS*	CP
35322	x	**O**	SH	*LS*	CJ	35468	v	**M**	NM *LS*	YK
35329	v	**G**	MH	*LS*	RL	35469	xg	**M**	E *SS*	OM
35333	x	**CH**	24	*LS*	DI	35470	v	**CH**	VT *LS*	TM
35407	xg	**O**	SH	*SS*	CJ	35476	x	**M**	62 *LS*	SK
35452	xb	**RR**	LW	*FL*	CP	35479	x	**M**	SV *LS*	KR
35453	x	**CH**	GW	*LS*	DI	35486	x	**M**	SV *LS*	KR
35459	x	**M**	WC	*SS*	CS					

AB1C (BFK)   CORRIDOR BRAKE FIRST

Mark 2C. Pressure ventilated. Renumbered when declassified. –/24 1T. B4 bogies. ETH 4.

Lot No. 30796 Derby 1969–70. 32.5 t.

35508   (14128, 17128)   **RR**   IR   BQ

AB5C — BRAKE/POWER KITCHEN

Mark 2C. Pressure ventilated. Converted from BFK (declassified to BSK) built 1970. Converted at West Coast Railway Company 2000–01. Consists of 60 kVA generator, guard's compartment and electric kitchen. B5 bogies. ETH 4.

Lot No. 30796 Derby 1969–70. 32.5 t.

Non-standard Livery: 35511 is British racing green with gold lining.

35511	(14130, 17130)	**0**	RA	CP

AB1A (BFK) — CORRIDOR BRAKE FIRST

Mark 2A. Pressure ventilated. Renumbered when declassified. –/24 1T. B4 bogies. Cage removed from brake compartment. ETH 4.

35513. Lot No. 30775 Derby 1967–68. 32 t.
35516–18. Lot No. 30786 Derby 1968. 32 t.

35513	(14063, 17063)	**RR**	H		KT
35516	(14080, 17080)	**RR**	H		KT
35517	(14088, 17088)	**M**	IR	*LS*	BQ
35518	(14097, 17097)	**PC**	WT	*LS*	OM

NAMED COACHES

The following miscellaneous coaches carry names:

1200	AMBER		5193	CLAN MACLEOD
1659	CAMELOT		5212	CAPERKAILZIE
1800	TINTAGEL		5229	THE GREEN KNIGHT
3105	JULIA		5239	THE RED KNIGHT
3113	JESSICA		5275	Wendy
3117	CHRISTINA		5278	MELISANDE
3128	VICTORIA		5350	Dawn
3130	PAMELA		5364	Andrea
3136	DIANA		5365	Deborah
3143	PATRICIA		5373	Felicity
3174	GLAMIS		5376	Michaela
3181	TOPAZ		5378	Sarah
3182	WARWICK		5389	SIR GALAHAD
3188	ONYX		5419	SIR LAUNCELOT
3223	DIAMOND		5420	LYONNESSE
3228	AMETHYST		9385	BALMACARA
3231	Apollo		9391	PENDRAGON
3240	SAPPHIRE		10569	LEVIATHAN
3244	EMERALD		10729	CREWE
3246	Aphrodite		13508	EXCALIBUR
3247	CHATSWORTH		17013	ALBANNACH SGIATHACH
3267	BELVOIR		17086	Georgina
3273	ALNWICK		35518	MERLIN
3275	HARLECH			

2. HIGH SPEED TRAIN TRAILER CARS

HSTs consist of a number of trailer cars (usually seven to nine) with a power car at each end. All trailer cars are classified Mark 3 and have BT10 bogies with disc brakes and central door locking. Heating is by a 415 V three-phase supply and vehicles have air conditioning. Max. Speed is 125 m.p.h.

All vehicles underwent a mid-life refurbishment in the 1980s, and a further refurbishment programme was completed in November 2000, with each train operating company having a different scheme as follows:

First Great Western. Green seat covers and extra partitions between seat bays.
Great North Eastern Railway. New ceiling lighting panels and brown seat covers. First class vehicles have table lamps and imitation walnut plastic end panels.
Virgin Cross-Country (now on West Coast). Green seat covers. Standard class vehicles have four seats in the centre of each carriage replaced with a luggage stack.
Midland Mainline. Grey seat covers, redesigned seat squabs, side carpeting and two seats in the centre of each carriage replaced with a luggage stack.

All current vehicles except TRFM 40619 were included in this programme.

Midland Mainline coaches are now undergoing a further refurbishment programme involving new fluorescent and halogen ceiling lighting panels and new design of seat squab with blue upholstery in first class. All vehicles painted in **MN** livery but not allocated to "Project Rio" have been so refurbished. In addition, GNER buffet cars are being modernised with new corner bars and each set is having an extra car added with a disabled persons toilet.

Certain vehicles ex-Virgin Cross-Country are temporarily allocated to Midland Mainline and are having a slight facelift. These are given the operator code "*MR*". The buffet cars in these sets are being converted from TRSB to TRFB.

Tops Type Codes

TOPS type codes for HST trailer cars are made up as follows:

(1) Two letters denoting the layout of the vehicle as follows:

GH Open	GL Kitchen
GJ Open with Guard's compartment.	GN Buffet
GK Buffet	

(2) A digit for the class of passenger accommodation

1	First	4	Unclassified
2	Standard (formerly second)		

(3) A suffix relating to the build of coach.

G Mark 3

Operator Codes

The normal operator codes are given in brackets after the TOPS codes. These are as follows:

TF	Trailer First	TGS	Trailer Guard's Standard

58 40204–40619

TRB	Trailer Buffet First		TRSB	Trailer Buffet Standard
TRFB	Trailer Buffet First		TS	Trailer Standard
TRFM	Trailer Modular Buffet First			

GN4G (TRB) TRAILER BUFFET FIRST

Converted from TRSB by fitting first class seats. Renumbered from 404xx series by subtracting 200. 23/–. p. q.

40204–40228. Lot No. 30883 Derby 1976–77. 36.12 t.
40231. Lot No. 30899 Derby 1978–79. 36.12 t.

40204	**FG**	A	*GW*	PM		40209	**FG**	A *GW*	PM
40205	**FP**	A	*GW*	PM		40210	**FP**	A *GW*	PM
40206	**FP**	A	*GW*	PM		40221	**FP**	A *GW*	PM
40207	**FP**	A	*GW*	PM		40228	**FP**	A *GW*	PM
40208	**FG**	A	*GW*	PM		40231	**FP**	A *GW*	PM

GK2G (TRSB) TRAILER BUFFET STANDARD

Renumbered from 400xx series by adding 400. –/33 1W. p. q.

40401–40426. Lot No. 30883 Derby 1976–77. 36.12 t.
40433–40437. Lot No. 30899 Derby 1978–79. 36.12 t.

Note: 40433–4 were numbered 40233–4 for a time when fitted with 23 first class seats.

40401	**V**	P	*VW*	LA		40424	**V**	P		BR
40402	**V**	P	*VW*	LA		40425	**V**	P		BR
40403	**V**	P		BR		40426	**V**	P		BR
40416	**V**	P		BR		40433	**V**	P		BR
40417	**V**	P		BR		40434	**V**	P		BR
40419	**V**	P		BR		40436	**V**	P	*VW*	LA
40422	**V**	P		BR		40437	**V**	P	*VW*	LA
40423	**V**	P	*VW*	LA						

GK1G (TRFM) TRAILER MODULAR BUFFET FIRST

Converted to modular catering from TRFB 40719. 17/–. p. q. To be converted as a test coach for the Network Rail New Measurement Train.
Lot No. 30921 Derby 1978–79. 38.16 t.

40619		P	ZA

GK1G (TRFB) TRAILER BUFFET FIRST

These vehicles have larger kitchens than the 402xx and 404xx series vehicles, and are used in trains where full meal service is required. They were renumbered from the 403xx series (in which the seats were unclassified) by adding 400 to previous number. 17/– (*12/– + one seat for staff use). p. q.

40700–40721. Lot No. 30921 Derby 1978–79. 38.16 t.
40722–40735. Lot No. 30940 Derby 1979–80. 38.16 t.

40700–40811

40736–40753. Lot No. 30948 Derby 1980–81. 38.16 t.
40754–40757. Lot No. 30966 Derby 1982. 38.16 t.

r Refurbished with new corner bar.

40700	**MM**	P	*MM*	NL	40730	**MN**	P	*MM*	NL
40701	**MM**	P	*MM*	NL	40731	**FP**	A	*GW*	LA
40702	**MM**	P	*MM*	NL	40732	**MN**	A	*MM*	NL
40703	**FG**	A	*GW*	LA	40733	**FG**	A	*GW*	LA
40704	**GN**	A	*GN*	EC	40734	**FG**	A	*GW*	LA
40705	**GN**	A	*GN*	EC	40735	**GN**	A	*GN*	EC
40706	**GN**	A	*GN*	EC	40736	**FG**	A	*GW*	LA
40707	**FG**	A	*GW*	LA	40737	**GN**	A	*GN*	EC
40708	**MM**	P	*MM*	NL	40738	**FG**	A	*GW*	LA
40709	**FG**	A	*GW*	LA	40739	**FG**	A	*GW*	PM
40710	**FP**	A	*GW*	LA	40740	**GN**	A	*GN*	EC
40711	**GN**	A	*GN*	EC	40741	**MM**	P	*MM*	NL
40712	**FG**	A	*GW*	LA	40742	**GN**	A	*GN*	EC
40713	**FG**	A	*GW*	LA	40743	**FG**	A	*GW*	LA
40714	**FG**	A	*GW*	PM	40744	**FG**	A	*GW*	LA
40715	**FG**	A	*GW*	LA	40745	**FP**	A	*GW*	LA
40716	**FG**	A	*GW*	PM	40746	**MM**	P	*MM*	NL
40717	**FP**	A	*GW*	PM	40747	**GN**	A	*GN*	EC
40718	**FG**	A	*GW*	LA	40748	**GN**	A	*GN*	EC
40720	**GN**	A	*GN*	EC	40749 r	**MN**	P	*MM*	NL
40721	**FG**	A	*GW*	LA	40750	**GN**	A	*GN*	EC
40722	**FG**	A	*GW*	LA	40751 r	**MN**	P	*MM*	NL
40723 *	**V**	A	*MM*	NL	40752	**FP**	A	*GW*	LA
40724	**FG**	A	*GW*	PM	40753 r	**MN**	P	*MM*	NL
40725	**FP**	A	*GW*	LA	40754 r	**MN**	P	*MM*	NL
40726	**FP**	A	*GW*	LA	40755	**MM**	P	*MM*	NL
40727	**FP**	A	*GW*	LA	40756	**MM**	P	*MM*	NL
40728	**MM**	P	*MM*	NL	40757	**FP**	A	*GW*	LA
40729	**MN**	P	*MM*	NL					

GK1G (TRFB)   TRAILER BUFFET FIRST

These vehicles have been converted from TRSBs in the 404xx series to be similar to the 407xx series vehicles. They are initially for use in the Midland Mainline St. Pancras–Manchester service. 17/– . p. q.

40801–03/05/08/09/11. Lot No. 30883 Derby 1976–77. 38.16 t.
40404/06/07/10. Lot No. 30899 Derby 1978–79. 38.16 t.

Note: 40802/4/11 were numbered 40212/32/11 for a time when fitted with 23 first class seats.

40801 (40427)	**MN**	40807 (40435)	**MN**
40802 (40412)	**MN** P *MR* NL	40808 (40415)	**MN** P *MR* NL
40803 (40418)	**MN**	40809 (40414)	**MN**
40804 (40432)	**MN**	40810 (40430)	**MN** P *MR* NL
40805 (40420)	**MN**	40811 (40411)	**MN**
40806 (40429)	**MN**		

GH1G (TF) — TRAILER FIRST

48/– 2T (w 47/– 2T 1W).

41003–41056. Lot No. 30881 Derby 1976–77. 33.66 t.
41057–41120. Lot No. 30896 Derby 1977–78. 33.66 t.
41121–41148. Lot No. 30938 Derby 1979–80. 33.66 t.
41149–41166. Lot No. 30947 Derby 1980. 33.66 t.
41167–41169. Lot No. 30963 Derby 1982. 33.66 t.
41170. Lot No. 30967 Derby 1982. Former prototype vehicle. 33.66 t.
41179/80. Lot No. 30884 Derby 1976–77. 33.66 t.
41181–41184/41189. Lot No. 30939 Derby 1979–80. 33.66 t.
41185–41188. Lot No. 30969 Derby 1982. 33.66 t.

s Fitted with centre luggage stack. 46/– 1T 1TD 1W.

41003	p	**FP**	A	*GW*	LA	41038	**FP**	A *GW*	LA
41004		**FG**	A	*GW*	PM	41039	**GN**	A *GN*	EC
41005	p	**FG**	A	*GW*	LA	41040	**GN**	A *GN*	EC
41006		**FG**	A	*GW*	LA	41041 ps	**MM**	P *MM*	NL
41007	p	**FP**	A		NL	41043 w	**GN**	A *GN*	EC
41008		**FP**	A		NL	41044	**GN**	A *GN*	EC
41009	p	**FG**	A	*GW*	PM	41045 w	**V**	P *VW*	LA
41010		**FG**	A	*GW*	PM	41046 s	**MM**	P *MM*	NL
41011	p	**FP**	A	*GW*	PM	41051	**FP**	A *GW*	LA
41012		**FP**	A	*GW*	PM	41052	**FP**	A *GW*	LA
41013	p	**FP**	A	*GW*	PM	41055	**FG**	A *GW*	LA
41014		**FP**	A	*GW*	PM	41056	**FG**	A *GW*	LA
41015	p	**FP**	A	*GW*	PM	41057	**MM**	P *MM*	NL
41016		**FP**	A	*GW*	PM	41058 s	**MM**	P *MM*	NL
41017	p	**FG**	A	*GW*	PM	41059 w	**V**	P *VW*	LA
41018		**FG**	A	*GW*	PM	41061	**MM**	P *MM*	NL
41019	p	**FP**	A	*GW*	PM	41062 rw	**MN**	P *MM*	NL
41020		**FP**	A	*GW*	PM	41063	**MN**	P *MM*	NL
41021	p	**FP**	A	*GW*	PM	41064 s	**MN**	P *MM*	NL
41022		**FP**	A	*GW*	PM	41065	**FG**	A *GW*	LA
41023	p	**FP**	A	*GW*	LA	41066 p	**GN**	A *GN*	EC
41024		**FP**	A	*GW*	LA	41067 s	**MM**	P *MM*	NL
41025	p	**V**	A	*MM*	NL	41068 s	**MM**	P *MM*	NL
41026	r	**MN**	A	*MM*	NL	41069 s	**MN**	P *MM*	NL
41027	p	**FP**	A	*GW*	LA	41070 s	**MM**	P *MM*	NL
41028		**FP**	A	*GW*	LA	41071	**MM**	P *MM*	NL
41029	p	**FP**	A	*GW*	LA	41072 s	**MM**	P *MM*	NL
41030		**FP**	A	*GW*	LA	41075	**MM**	P *MM*	NL
41031	p	**FP**	A	*GW*	LA	41076 s	**MM**	P *MM*	NL
41032		**FP**	A	*GW*	LA	41077	**MM**	P *MM*	NL
41033	p	**FP**	A	*GW*	LA	41078	**MN**	P *MM*	NL
41034		**FP**	A	*GW*	LA	41079	**MM**	P *MM*	NL
41035	p	**V**	A	*MM*	NL	41080 s	**MM**	P *MM*	NL
41036	w	**V**	A	*MM*	NL	41081 w	**MN**	P *MR*	NL
41037	p	**FP**	A	*GW*	LA	41083	**MM**	P *MM*	NL

41084	s	**MM**	P	*MM*	NL		41127	p	**FP**	A	*GW*	PM
41085	w	**V**	P	*VW*	LA		41128		**FP**	A	*GW*	PM
41086	w	**V**	P	*VW*	LA		41129	p	**FG**	A	*GW*	PM
41087		**GN**	A	*GN*	EC		41130		**FG**	A	*GW*	PM
41088	w	**GN**	A	*GN*	EC		41131	p	**FG**	A	*GW*	LA
41089		**FG**	A	*GW*	LA		41132		**FG**	A	*GW*	LA
41090	w	**GN**	A	*GN*	EC		41133	p	**FG**	A	*GW*	LA
41091		**GN**	A	*GN*	EC		41134		**FG**	A	*GW*	LA
41092	w	**GN**	A	*GN*	EC		41135	p	**FG**	A	*GW*	LA
41093		**FG**	A	*GW*	LA		41136		**FP**	A	*GW*	LA
41094		**FG**	A	*GW*	LA		41137	p	**FP**	A	*GW*	PM
41095	w	**MN**	P	*MR*	NL		41138		**FP**	A	*GW*	PM
41096	w	**V**	P	*MR*	NL		41139	p	**FG**	A	*GW*	LA
41097	w	**GN**	A	*GN*	EC		41140		**FG**	A	*GW*	LA
41098	w	**GN**	A	*GN*	EC		41141	p	**FG**	A	*GW*	LA
41099		**GN**	A	*GN*	EC		41142		**FG**	A	*GW*	LA
41100	w	**GN**	A	*GN*	EC		41143	p	**FG**	A	*GW*	LA
41101		**FG**	A	*GW*	LA		41144		**FG**	A	*GW*	LA
41102		**FG**	A	*GW*	LA		41145	p	**FG**	A	*GW*	LA
41103		**FG**	A	*GW*	LA		41146		**FG**	A	*GW*	LA
41104		**FG**	A	*GW*	LA		41147	w	**V**	P	*MR*	NL
41105		**FG**	A	*GW*	PM		41148	w	**V**	P	*VW*	LA
41106		**FG**	A	*GW*	PM		41149	w	**V**	P	*MR*	NL
41107	w	**MN**	P	*MR*	NL		41150		**GN**	A	*GN*	EC
41108	w	**V**	P	*MR*	NL		41151		**GN**	A	*GN*	EC
41109	w	**V**	P	*MR*	NL		41152		**GN**	A	*GN*	EC
41110		**FG**	A	*GW*	PM		41153		**MM**	P	*MM*	NL
41111		**MN**	P	*MM*	NL		41154	s	**MM**	P	*MM*	NL
41112		**MN**	P	*MM*	NL		41155		**MM**	P	*MM*	NL
41113	s	**MN**	P	*MM*	NL		41156		**MM**	P	*MM*	NL
41114	w	**V**	P	*VW*	LA		41157		**FG**	A	*GW*	LA
41115	w	**V**	P		BR		41158		**FG**	A	*GW*	LA
41116		**FG**	A	*GW*	LA		41159	w	**V**	P	*MR*	NL
41117		**MN**	P	*MM*	NL		41160	w	**V**	P	*VW*	LA
41118	w	**GN**	A	*GN*	EC		41161	w	**V**	P	*MR*	NL
41119	w	**MN**	P	*MM*	NL		41162	w	**V**	P	*MR*	NL
41120		**GN**	A	*GN*	EC		41163	w	**V**	P	*VW*	LA
41121	p	**FG**	A	*GW*	LA		41164	w	**GN**	A	*GN*	EC
41122		**FG**	A	*GW*	LA		41165	w	**V**	P		BR
41123	p	**FG**	A	*GW*	PM		41166	w	**V**	P	*VW*	LA
41124		**FG**	A	*GW*	PM		41167	w	**V**	P	*VW*	LA
41125		**FG**	A	*GW*	PM		41168	w	**MN**	P	*MR*	NL
41126	p	**FG**	A	*GW*	PM		41169	w	**V**	P	*VW*	LA

41170	(41001)		**GN**	A	*GN*	EC		41184	(42270)		**MN** P *MR* NL
41179	(40505)		**FP**	A	*GW*	PM		41185	(42313)		**MN** P *MR* NL
41180	(40511)		**FP**	A	*GW*	LA		41186	(42312)		**MN** P
41181	(42282)		**MN** P *MR* NL					41187	(42311)		**MN** P
41182	(42278)		**MN** P *MR* NL					41188	(42310)		**MN** P *MR* NL
41183	(42274)		**MN** P *MR* NL					41189	(42298)		**MN** P

GH2G (TS) — TRAILER STANDARD

–/76 2T. (§ –/70 2T 2W).

42003–42090/42362. Lot No. 30882 Derby 1976–77. 33.60 t.
42091–42250. Lot No. 30907 Derby 1977–79. 33.60 t.
42251–42305. Lot No. 30939 Derby 1979–80. 33.60 t.
42306–42322. Lot No. 30969 Derby 1982. 33.60 t.
42323–42341. Lot No. 30983 Derby 1984–85. 33.60 t.
42342/60. Lot No. 30949 Derby 1982. 33.47 t. Converted from TGS.
42343/5. Lot No. 30970 Derby 1982. 33.47 t. Converted from TGS.
42344/61. Lot No. 30964 Derby 1982. 33.47 t. Converted from TGS.
42346/7/50/1. Lot No. 30881 Derby 1976–77. 33.66 t. Converted from TF.
42348/9/63. Lot No. 30896 Derby 1977–78. 33.66 t. Converted from TF.
42352/4. Lot No. 30897 Derby 1977. Were TF from 1983 to 1992. 33.66 t.
42353/5–7. Lot No. 30967 Derby 1982. Ex prototype vehicles. 33.66 t.

s Centre luggage stack –/72 2T.
t Centre luggage stack –/72 2T. Fitted with pt.
u Centre luggage stack –/74 2T.
w Centre luggage stack –72 2T 1W.
* disabled persons toilet and 5 tip-up seats. –/65 1T 1TD.
42158 was also numbered 41177 for a time when fitted with first class seats.

42003		**FP**	A	*GW*	PM	42031	**FP**	A	*GW*	PM
42004	*	**FG**	A	*GW*	LA	42032	**FP**	A	*GW*	LA
42005		**FP**	A	*GW*	PM	42033	**FP**	A	*GW*	LA
42006		**FP**	A	*GW*	PM	42034	**FP**	A	*GW*	LA
42007	*	**FP**	A	*GW*	LA	42035	**FP**	A	*GW*	LA
42008	*	**FG**	A	*GW*	PM	42036 u	**MN**	A	*MM*	NL
42009		**FP**	A	*GW*	PM	42037	**V**	A	*MM*	NL
42010		**FP**	A	*GW*	PM	42038 u	**MN**	A	*MM*	NL
42012	*	**FG**	A	*GW*	PM	42039	**FP**	A	*GW*	LA
42013		**FG**	A	*GW*	PM	42040	**FP**	A	*GW*	LA
42014		**FG**	A	*GW*	PM	42041	**FP**	A	*GW*	LA
42015	*	**FP**	A	*GW*	PM	42042	**FP**	A	*GW*	LA
42016		**FP**	A	*GW*	PM	42043	**FP**	A	*GW*	LA
42017		**FP**	A	*GW*	PM	42044	**FP**	A	*GW*	LA
42018	*	**FP**	A	*GW*	PM	42045	**FP**	A	*GW*	LA
42019		**FP**	A	*GW*	PM	42046	**FG**	A	*GW*	LA
42020		**FP**	A	*GW*	PM	42047	**FP**	A	*GW*	LA
42021	*	**FP**	A	*GW*	PM	42048	**FP**	A	*GW*	LA
42022		**FP**	A	*GW*	PM	42049	**FP**	A	*GW*	LA
42023		**FP**	A	*GW*	PM	42050	**FP**	A	*GW*	LA
42024	*	**FG**	A	*GW*	PM	42051 u	**MN**	A	*MM*	NL
42025		**FG**	A	*GW*	PM	42052	**V**	A	*MM*	NL
42026		**FG**	A	*GW*	PM	42053	**V**	A	*MM*	NL
42027		**FP**	A	*GW*	PM	42054	**FG**	A	*GW*	LA
42028		**FP**	A	*GW*	PM	42055	**FP**	A	*GW*	LA
42029		**FP**	A	*GW*	PM	42056	**FP**	A	*GW*	LA
42030	*	**FP**	A	*GW*	PM	42057	**GN**	A	*GN*	EC

42058		**GN**	A	*GN*	EC	42110	s	**V**	P		BR
42059		**GN**	A	*GN*	EC	42111	u	**MM**	P	*MM*	NL
42060		**FP**	A	*GW*	PM	42112	u	**MM**	P	*MM*	NL
42061		**FP**	A	*GW*	PM	42113	u	**MM**	P	*MM*	NL
42062	*	**FG**	A	*GW*	LA	42115	t	**V**	P	*MR*	NL
42063		**GN**	A	*GN*	EC	42116	s	**GN**	A	*GN*	EC
42064		**GN**	A	*GN*	EC	42117	s	**V**	P	*MR*	NL
42065		**GN**	A	*GN*	EC	42118		**FG**	A	*GW*	LA
42066	*	**FG**	A	*GW*	LA	42119	u	**MN**	P	*MM*	NL
42067		**FG**	A	*GW*	LA	42120	u	**MN**	P	*MM*	NL
42068		**FG**	A	*GW*	LA	42121	u	**MN**	P	*MM*	NL
42069	*	**FG**	A	*GW*	LA	42122		**GN**	A	*GN*	EC
42070		**FG**	A	*GW*	LA	42123	u	**MN**	P	*MM*	NL
42071		**FG**	A	*GW*	LA	42124	u	**MN**	P	*MM*	NL
42072		**FG**	A	*GW*	PM	42125	u	**MN**	P	*MM*	NL
42073		**FP**	A	*GW*	LA	42126		**FG**	A	*GW*	LA
42074		**FP**	A	*GW*	LA	42127	s	**GN**	A	*GN*	EC
42075		**FP**	A	*GW*	PM	42128	s	**GN**	A	*GN*	EC
42076		**FG**	A	*GW*	LA	42129		**FG**	A	*GW*	LA
42077		**FP**	A	*GW*	LA	42130	t	**V**	P		BR
42078		**FP**	A	*GW*	LA	42131	u	**MN**	P	*MM*	NL
42079		**FP**	A		NL	42132	u	**MN**	P	*MM*	NL
42080		**FP**	A		NL	42133	u	**MN**	P	*MM*	NL
42081	*	**FG**	A	*GW*	LA	42134		**GN**	A	*GN*	EC
42083		**FG**	A	*GW*	LA	42135	u	**MN**	P	*MM*	NL
42084	s	**V**	P	*MR*	NL	42136	u	**MN**	P	*MM*	NL
42085	t	**MN**	P	*MR*	NL	42137	u	**MN**	P	*MM*	NL
42086		**MN**	P	*MR*	NL	42138	*	**FG**	A	*GW*	PM
42087	s	**MN**	P	*MR*	NL	42139	u	**MM**	P	*MM*	NL
42088	s	**V**	P		BR	42140	u	**MM**	P	*MM*	NL
42089		**FG**	A	*GW*	PM	42141	u	**MM**	P	*MM*	NL
42090	s	**V**	P	*MR*	NL	42143		**FP**	A	*GW*	LA
42091	s	**GN**	A	*GN*	EC	42144		**FP**	A	*GW*	LA
42092	s	**V**	P	*VW*	LA	42145		**FP**	A	*GW*	LA
42093	s	**V**	P	*VW*	LA	42146		**GN**	A	*GN*	EC
42094	s	**V**	P	*VW*	LA	42147	u	**MM**	P	*MM*	NL
42095	s	**V**	P	*MR*	NL	42148	u	**MM**	P	*MM*	NL
42096		**FG**	A	*GW*	LA	42149	u	**MM**	P	*MM*	NL
42097	w	**MN**	A	*MM*	NL	42150		**GN**	A	*GN*	EC
42098		**FG**	A	*GW*	PM	42151	w	**MN**	P	*MM*	NL
42099		**FG**	A	*GW*	LA	42152	u	**MN**	P	*MM*	NL
42100	u	**MM**	P	*MM*	NL	42153	u	**MN**	P	*MM*	NL
42101	w	**MM**	P	*MM*	NL	42154		**GN**	A	*GN*	EC
42102	u	**MM**	P	*MM*	NL	42155	w	**MM**	P	*MM*	NL
42103	s	**V**	P	*VW*	LA	42156	u	**MM**	P	*MM*	NL
42104		**GN**	A	*GN*	EC	42157	u	**MM**	P	*MM*	NL
42105	s	**V**	P	*VW*	LA	42158		**GN**	A	*GN*	EC
42106		**GN**	A	*GN*	EC	42159	s	**V**	P		BR
42107		**FG**	A	*GW*	LA	42160	s	**V**	P		BR
42108	s	**V**	P	*VW*	LA	42161	s	**GN**	A	*GN*	EC
42109	s	**V**	P		BR	42162	s	**V**	P	*MR*	NL

42163	w	**MM**	P	*MM*	NL	42214	**FG**	A *GW*	PM
42164	u	**MM**	P	*MM*	NL	42215	**GN**	A *GN*	EC
42165	u	**MM**	P	*MM*	NL	42216	**FG**	A *GW*	LA
42166	t	**V**	P	*MR*	NL	42217 t	**MN**	P *MR*	NL
42167	s	**V**	P	*VW*	LA	42218 t	**MN**	P *MR*	NL
42168	t	**V**	P	*VW*	LA	42219	**GN**	A *GN*	EC
42169	s	**V**	P	*VW*	LA	42220 w	**MM**	P *MM*	NL
42170	s	**MN**	P	*MR*	NL	42221	**FG**	A *GW*	LA
42171		**GN**	A	*GN*	EC	42222 t	**V**	P *MR*	NL
42172		**GN**	A	*GN*	EC	42223 s	**MN**	P *MR*	NL
42173	s	**MN**	P	*MR*	NL	42224 s	**MN**	P *MR*	NL
42174	s	**MN**	P	*MR*	NL	42225 u	**MM**	P *MM*	NL
42175	s	**V**	P	*VW*	LA	42226	**GN**	A *GN*	EC
42176	t	**V**	P	*VW*	LA	42227 u	**MM**	P *MM*	NL
42177	s	**V**	P	*VW*	LA	42228 u	**MM**	P *MM*	NL
42178	t	**V**	P	*MR*	NL	42229 u	**MM**	P *MM*	NL
42179		**GN**	A	*GN*	EC	42230 u	**MM**	P *MM*	NL
42180		**GN**	A	*GN*	EC	42231 s	**V**	P *MR*	NL
42181		**GN**	A	*GN*	EC	42232 t	**V**	P *MR*	NL
42182		**GN**	A	*GN*	EC	42233 s	**V**	P *VW*	LA
42183	*	**FG**	A	*GW*	LA	42234 s	**V**	P	BR
42184		**FG**	A	*GW*	LA	42235	**GN**	A *GN*	EC
42185		**FG**	A	*GW*	LA	42236	**FP**	A	NL
42186		**GN**	A	*GN*	EC	42237 s	**MN**	P *MR*	NL
42187	t	**MN**	P	*MR*	NL	42238 s	**GN**	A *GN*	EC
42188	s	**GN**	A	*GN*	EC	42239 s	**GN**	A *GN*	EC
42189	s	**GN**	A	*GN*	EC	42240	**GN**	A *GN*	EC
42190		**GN**	A	*GN*	EC	42241	**GN**	A *GN*	EC
42191		**GN**	A	*GN*	EC	42242	**GN**	A *GN*	EC
42192		**GN**	A	*GN*	EC	42243	**GN**	A *GN*	EC
42193		**GN**	A	*GN*	EC	42244	**GN**	A *GN*	EC
42194	w	**MN**	P	*MM*	NL	42245	**FG**	A *GW*	LA
42195	s	**MN**	P	*MR*	NL	42246 s	**MN**	P *MR*	NL
42196		**FG**	A	*GW*	LA	42247 t	**MN**	P *MR*	NL
42197		**FP**	A	*GW*	PM	42248 s	**MN**	P *MR*	NL
42198		**GN**	A	*GN*	EC	42249 s	**MN**	P *MR*	NL
42199		**GN**	A	*GN*	EC	42250	**FG**	A *GW*	LA
42200	*	**FG**	A	*GW*	LA	42251 *	**FG**	A *GW*	PM
42201	*	**FG**	A	*GW*	LA	42252	**FG**	A *GW*	LA
42202	*	**FG**	A	*GW*	LA	42253	**FG**	A *GW*	LA
42203		**FG**	A	*GW*	LA	42254 s	**V**	P *MR*	NL
42204		**FG**	A	*GW*	LA	42255 *	**FG**	A *GW*	PM
42205	u	**MM**	P	*MM*	NL	42256	**FG**	A *GW*	PM
42206	*	**FG**	A	*GW*	LA	42257	**FG**	A *GW*	PM
42207	*	**FG**	A	*GW*	LA	42258 t	**V**	P *MR*	NL
42208		**FG**	A	*GW*	LA	42259 *	**FG**	A *GW*	PM
42209		**FG**	A	*GW*	LA	42260	**FG**	A *GW*	PM
42210	u	**MM**	P	*MM*	NL	42261	**FG**	A *GW*	PM
42211	*	**FG**	A	*GW*	PM	42262 s	**MN**	P *MR*	NL
42212		**FG**	A	*GW*	PM	42263	**FG**	A *GW*	PM
42213		**FG**	A	*GW*	PM	42264 *	**FG**	A *GW*	PM

42265		**FG**	A	*GW*	LA	42304 s	**V**	P	*VW*	LA
42266 s		**MN**	P	*MR*	NL	42305 s	**V**	P	*VW*	LA
42267 *		**FG**	A	*GW*	PM	42306 s	**MN**	P	*MR*	NL
42268 *		**FG**	A	*GW*	LA	42307 s	**V**	P	*MR*	NL
42269		**FG**	A	*GW*	PM	42308 s	**V**	P	*MR*	NL
42271 *		**FG**	A	*GW*	LA	42309 s	**V**	P	*MR*	NL
42272		**FG**	A	*GW*	LA	42314 s	**MN**	P	*MR*	NL
42273		**FG**	A	*GW*	LA	42315 t	**MN**	P	*MR*	NL
42275 *		**FG**	A	*GW*	LA	42316 s	**MN**	P	*MR*	NL
42276		**FG**	A	*GW*	LA	42317 s	**MN**	P	*MR*	NL
42277		**FG**	A	*GW*	LA	42318 s	**V**	P	*VW*	LA
42279 *		**FG**	A	*GW*	LA	42319 t	**V**	P	*VW*	LA
42280		**FG**	A	*GW*	LA	42320 s	**V**	P	*VW*	LA
42281		**FG**	A	*GW*	LA	42321 s	**V**	P	*VW*	LA
42283		**FG**	A	*GW*	LA	42322 s	**V**	P		BR
42284		**FP**	A	*GW*	PM	42323	**GN**	A	*GN*	EC
42285		**FP**	A	*GW*	PM	42324 w	**MN**	P	*MM*	NL
42286 s		**V**	P		BR	42325	**FG**	A	*GW*	PM
42287 *		**FG**	A	*GW*	LA	42326 s	**MN**	P	*MR*	NL
42288		**FG**	A	*GW*	LA	42327 w	**MM**	P	*MM*	NL
42289		**FG**	A	*GW*	LA	42328 w	**MM**	P	*MM*	NL
42290 t		**V**	P		BR	42329 w	**MM**	P	*MM*	NL
42291 *		**FG**	A	*GW*	LA	42330 s	**MN**	P	*MR*	NL
42292 *		**FG**	A	*GW*	LA	42331 w	**MN**	P	*MM*	NL
42293		**FG**	A	*GW*	LA	42332	**FP**	A		NL
42294 s		**V**	P	*VW*	LA	42333	**FG**	A	*GW*	LA
42295 *		**FG**	A	*GW*	LA	42334 s	**V**	P	*MR*	NL
42296		**FG**	A	*GW*	LA	42335 w	**MM**	P	*MM*	NL
42297		**FG**	A	*GW*	LA	42336 s	**V**	P	*MR*	NL
42299 *		**FG**	A	*GW*	LA	42337 w	**MN**	P	*MM*	NL
42300		**FG**	A	*GW*	LA	42338 s	**V**	P	*MR*	NL
42301		**FG**	A	*GW*	LA	42339 w	**MN**	P	*MM*	NL
42302 s		**V**	P	*VW*	LA	42340	**GN**	A	*GN*	EC
42303 t		**V**	P	*VW*	LA	42341 w	**MM**	P	*MM*	NL

42342	(44082)		**V**	A	*MM*	NL
42343	(44095)		**FP**	A	*GW*	LA
42344	(44092)	*	**FG**	A	*GW*	PM
42345	(44096)	*	**FG**	A	*GW*	LA
42346	(41053)		**FG**	A	*GW*	PM
42347	(41054)	*	**FG**	A	*GW*	PM
42348	(41073)	*	**FG**	A	*GW*	LA
42349	(41074)		**FG**	A	*GW*	PM
42350	(41047)		**FG**	A	*GW*	LA
42351	(41048)		**FG**	A	*GW*	LA
42352	(42142, 41176)	u	**MM**	P	*MM*	NL
42353	(42001, 41171)	s	**V**	P		BR
42354	(42114, 41175)		**GN**	A	*GN*	EC
42355	(42000, 41172)		**GN**	A	*GN*	EC
42356	(42002, 41173)		**FP**	A	*GW*	PM
42357	(41002, 41174)		**GN**	A	*GN*	EC

42360	(44084, 45084)	**FG**	A	*GW*	PM
42361	(44099)	**FG**	A	*GW*	LA
42362	(42011, 41178)	**FG**	A	*GW*	LA
42363	(41082)	s **GN**	A	*GN*	EC

Note: 42361 is currently being used for staff training at St. Phillips Marsh T&RSMD and carries the number 42000 which was applied for a press launch of the new livery.

GJ2G (TGS)   TRAILER GUARD'S STANDARD

–/65 1T (w –/63 1T 1W). pg.
44000. Lot No. 30953 Derby 1980. 33.47 t.
44001–44090. Lot No. 30949 Derby 1980–82. 33.47 t.
44091–44094. Lot No. 30964 Derby 1982. 33.47 t.
44097–44101. Lot No. 30970 Derby 1982. 33.47 t.

s t Fitted with centre luggage stack s –/63 1T, t –/61 1T.

44000	t	**V**	P	*MR*	NL	44034	w	**FG**	A	*GW*	LA
44001	w	**FG**	A	*GW*	LA	44035	w	**FG**	A	*GW*	LA
44002	w	**FP**	A	*GW*	PM	44036	w	**FP**	A	*GW*	PM
44003	w	**FG**	A	*GW*	PM	44037	w	**FG**	A	*GW*	LA
44004	w	**FP**	A	*GW*	PM	44038	w	**FG**	A	*GW*	LA
44005	w	**FP**	A	*GW*	PM	44039	w	**FG**	A	*GW*	LA
44006	w	**FP**	A	*GW*	PM	44040	w	**FG**	A	*GW*	LA
44007	w	**FP**	A	*GW*	PM	44041	s	**MM**	P	*MM*	NL
44008	w	**FG**	A	*GW*	PM	44042	t	**V**	P	*MR*	NL
44009	w	**FP**	A	*GW*	PM	44043	w	**FG**	A	*GW*	LA
44010	w	**FP**	A	*GW*	PM	44044	s	**MN**	P	*MM*	NL
44011	w	**FG**	A	*GW*	LA	44045	w	**GN**	A	*GN*	EC
44012	s	**MN**	A	*MM*	NL	44046	s	**MM**	P	*MM*	NL
44013	w	**FP**	A	*GW*	LA	44047	s	**MN**	P	*MM*	NL
44014	w	**FP**	A	*GW*	LA	44048	s	**MN**	P	*MM*	NL
44015	w	**FP**	A	*GW*	LA	44049	w	**FP**	A	*GW*	LA
44016	w	**FP**	A	*GW*	LA	44050	s	**MM**	P	*MM*	NL
44017		**V**	A	*MM*	NL	44051	s	**MM**	P	*MM*	NL
44018	w	**FP**	A	*GW*	LA	44052	s	**MM**	P	*MM*	NL
44019	w	**GN**	A	*GN*	EC	44053	t	**V**	P		BR
44020	w	**FP**	A	*GW*	PM	44054	s	**MN**	P	*MM*	NL
44021	t	**V**	P		BR	44055	t	**V**	P	*VW*	LA
44022	w	**FG**	A	*GW*	LA	44056	w	**GN**	A	*GN*	EC
44023	w	**FG**	A	*GW*	LA	44057	t	**V**	P		BR
44024	w	**FP**	A	*GW*	LA	44058	w	**GN**	A	*GN*	EC
44025	w	**FP**	A	*GW*	LA	44059	w	**FP**	A	*GW*	LA
44026	w	**FP**	A		NL	44060	t	**MN**	P	*MR*	NL
44027	s	**MN**	P	*MM*	NL	44061	w	**GN**	A	*GN*	EC
44028	w	**FG**	A	*GW*	LA	44062	t	**MN**	P	*MR*	NL
44029	w	**FG**	A	*GW*	PM	44063	w	**GN**	A	*GN*	EC
44030	w	**FG**	A	*GW*	PM	44064	w	**FG**	A	*GW*	LA
44031	w	**GN**	A	*GN*	EC	44065	t	**V**	P		BR
44032	w	**FG**	A	*GW*	PM	44066	w	**FG**	A	*GW*	LA
44033	w	**FG**	A	*GW*	LA	44067	w	**FG**	A	*GW*	PM

44068 t	**V**	P	*VW*	LA		44083 s	**MM**	P	*MM*	NL
44069 t	**V**	P	*MR*	NL		44085 s	**MM**	P	*MM*	NL
44070 s	**MN**	P	*MM*	NL		44086 w	**FG**	A	*GW*	LA
44071 s	**MM**	P	*MM*	NL		44087 t	**V**	P		BR
44072 t	**V**	P		BR		44088 t	**V**	P	*VW*	LA
44073 s	**MN**	P	*MM*	NL		44089 t	**V**	P		BR
44074 t	**V**	P	*MR*	NL		44090 t	**MN**	P	*MR*	NL
44075 t	**MN**	P	*MR*	NL		44091 t	**V**	P	*VW*	LA
44076 t	**V**	P	*VW*	LA		44093 w	**FP**	A	*GW*	LA
44077 w	**GN**	A	*GN*	EC		44094 w	**GN**	A	*GN*	EC
44078 t	**MN**	P	*MR*	NL		44097 t	**MN**	P	*MR*	NL
44079 t	**V**	P	*MR*	NL		44098 w	**GN**	A	*GN*	EC
44080 w	**GN**	A	*GN*	EC		44100 t	**V**	P		BR
44081 t	**V**	P	*VW*	LA		44101 t	**V**	P	*MR*	NL

PLATFORM 5 MAIL ORDER

PRESERVED LOCOMOTIVES OF BRITISH RAILWAYS 11th edition

The definitive guide to all ex-British Railways, London Transport and Ministry of Defence steam, diesel and electric locomotive and multiple unit vehicles.

160 pages including 32 pages in colour **£10.25**.
Published December 2002

Also Available:
Preserved Coaching Stock Part 1:
BR Design Stock (Published 1994) **£7.95**

Preserved Coaching Stock Part 2:
Pre-Nationalisation Stock (Published 1996) **£8.95**

Please add postage: 10% UK, 20% Europe, 30% Rest of World.

Telephone, fax or send your order to the Platform 5 Mail Order Department. See inside front cover of this book for details.

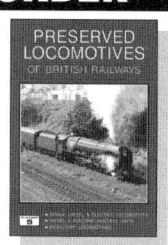

3. SALOONS

Several specialist passenger carrying vehicles, normally referred to as saloons are permitted to run on the Network Rail system. Many of these are to pre-nationalisation designs.

LNER GENERAL MANAGERS SALOON

Built 1945 by LNER, York. Gangwayed at one end with a verandah at the other. The interior has a dining saloon seating twelve, kitchen, toilet, office and nine seat lounge. 21/– 1T. B4 bogies. 75 m.p.h. ETH3. 35.7 t.

1999 (902260)   **M**   GS   *SS*   EN

GNR FIRST CLASS SALOON

Built 1912 by GNR, Doncaster. Contains entrance vestibule, lavatory, two seperate saloons, library and luggage space. Gresley bogies. 19/– 1T. 75 m.p.h. 29.4 t.

Non-Standard Livery: Teak.

4807 (807)   x   **0**   SH   *SS*   CJ

LNWR DINING SALOON

Built 1890 by LNWR, Wolverton. Mounted on the underframe of LMS GUV 37908 in the 1980s. Contains kitchen and dining area seating 12 at tables for two. Gresley bogies. 10/–. 75 m.p.h. 25.4 t.

Non-Standard Livery: London & North Western Railway.

5159 (159)   x   **0**   SH   *SS*   CJ

GENERAL MANAGER'S SALOON

Renumbered 1989 from London Midland Region departmental series. Formerly the LMR General Manager's saloon. Rebuilt from LMS period 1 BFK M 5033 M to dia. 1654 and mounted on the underframe of BR suburban BS M 43232. Screw couplings have been removed. B4 bogies. 100 m.p.h. ETH2X.

LMS Lot No. 326 Derby 1927. 27.5 t.

6320 (5033, DM 395707) x   **M**   62   *SS*   SK

GWR FIRST CLASS SALOON

Built 1930 by GWR, Swindon. Contains saloons at either end with body end observation windows, staff compartment, central kitchen and pantry/bar. Numbered DE321011 when in departmental service with British Railways. 20/– 1T. GWR bogies. 75 m.p.h. 34 t.
GWR Lot No. 1431 1930.

9004   **CH**   RA   CS

45018–99964 69

WCJS OBSERVATION SALOON

Built 1892 by LNWR, Wolverton. Originally dining saloon mounted on six-wheel bogies. Rebuilt with new underframe with four-wheel bogies in 1927. Rebuilt 1960 as observation saloon with DMU end. Gangwayed at other end. The interior has a saloon, kitchen, guards vestibule and observation lounge. Gresley bogies. 19/– 1T. 28.5 t. 75 m.p.h.

Non-Standard Livery: London & North Western Railway.

45018 (484, 15555)   x   **0**   SH   *SS*   CJ

LMS INSPECTION SALOONS

Built as engineers inspection saloons. Non-gangwayed. Observation windows at each end. The interior layout consists of two saloons interspersed by a central lavatory/kitchen/guards section. BR Mark 1 bogies. 80 m.p.h. 31.5 t.

45020–45026. Lot No. LMS 1356 Wolverton 1944.
45029. Lot No. LMS 1327 Wolverton 1942.
999503–999504. Lot No. BR Wagon Lot. 3093 Wolverton 1957.

45020		**E**	E	*SS*	ML
45026	v	**M**	HN		CS
45029	v	**E**	E	*SS*	ML
999503	v	**M**	E		OC
999504	v	**E**	E	*SS*	TO

RAILFILMS KITCHEN/SLEEPING SALOON

Converted from BR Mark 1 SK. Contains three sleeping cabins with showers and toilets and a large kitchen/pantry. Commonwealth bogies. 100 m.p.h. ETH 4.

Non-standard Livery: London & North Western Railway.

99884 (26208, 19208) **0**   RA   CS   State Car No. 84

ROYAL SCOTSMAN SALOONS

Built 1960 by Metro-Cammell as Pullman Parlour First (§Pullman Kitchen First) for East Coast Main Line services. Rebuilt 1990 as sleeping cars with four twin sleeping rooms (*§ three twin sleeping rooms and two single sleeping rooms at each end). Commonwealth bogies. 38.5 t.

99961 (324 AMBER)	*	**M**	GS	*SS*	EN	STATE CAR 1
99962 (329 PEARL)		**M**	GS	*SS*	EN	STATE CAR 2
99963 (331 TOPAZ)		**M**	GS	*SS*	EN	STATE CAR 3
99964 (313 FINCH)	§	**M**	GS	*SS*	EN	STATE CAR 4

Built 1960 by Metro-Cammell as Pullman Kitchen First for East Coast Main Line services. Rebuilt 1990 as observation car with open verandah seating 32. Commonwealth bogies. 38.5 t.

99965 (319 SNIPE)	**M**	GS	*SS*	EN	OBSERVATION CAR

Built 1960 by Metro-Cammell as Pullman Kitchen First for East Coast Main Line services. Rebuilt 1993 as dining car. Commonwealth bogies. 38.5 t.

99967 (317 RAVEN)	**M**	GS	*SS*	EN	DINING CAR

Mark 3A. Converted from SLEP at Carnforth Railway Restoration and Engineering Services in 1997. BT10 bogies. Attendant's and adjacent two sleeping compartments converted to generator room containing a 160 kW Volvo unit. In 99968 four sleeping compartments remain for staff use with another converted for use as a staff shower and toilet. The remaining five sleeping compartments have been replaced by two passenger cabins. In 99969 seven sleeping compartments remain for staff use. A further sleeping compartment, along with one toilet, have been converted to store rooms. The other two sleeping compartments have been combined to form a crew mess. ETH7X. 41.5 t.

Lot. No. 30960 Derby 1981–3.

99968 (10541)	**M**	GS	*SS*	EN	STATE CAR 5
99969 (10556)	**M**	GS	*SS*	EN	SERVICE CAR

RAILFILMS 'LMS CLUB CAR'

Converted from BR Mark 1 TSO at Carnforth Railway Restoration and Engineering Services in 1994. Contains kitchenette, pantry, coupé, lounge/reception area with two settees and two dining saloons. 24/– 1T. Commonwealth bogies. 100 m.p.h. ETH 4.

Lot. No. 30724 York 1963. 37 t.

99993 (5067)	**M**	RA	*SS*	TM	LMS CLUB CAR

BR INSPECTION SALOON

Mark 1. Short frames. Non-gangwayed. Observation windows at each end. The interior layout consists of two saloons interspersed by a central lavatory/kitchen/guards/luggage section. BR Mark 1 bogies. 90 m.p.h.

Lot No. BR Wagon Lot. 3379 Swindon 1960. 30.5 t.

999509	**E**	E	*SS*	ML

4. PULLMAN CAR COMPANY SERIES

Pullman cars have never generally been numbered as such, although many have carried numbers, instead they have carried titles. However, a scheme of schedule numbers exists which generally lists cars in chronological order. In this section those numbers are shown followed by the car's title. Cars described as 'kitchen' contain a kitchen in addition to passenger accommodation and have gas cooking unless otherwise stated. Cars described as 'parlour' consist entirely of passenger accomodation. Cars described as 'brake' contain a compartment for the use of the guard and a luggage compartment in addition to passenger accommodation.

PULLMAN PARLOUR FIRST

Built 1927 by Midland Carriage and Wagon Company. Gresley bogies. 26/– 2T. ETH 2. 41 t.

213 MINERVA **PC** VS *SS* SL

PULLMAN PARLOUR FIRST

Built 1928 by Metropolitan Carriage and Wagon Company. Gresley bogies. 24/– 2T. ETH 4. 40 t.

239 AGATHA **PC** VS SL
243 LUCILLE **PC** VS *SS* SL

PULLMAN KITCHEN FIRST

Built 1925 by BRCW. Rebuilt by Midland Carriage & Wagon Company in 1928. Gresley bogies. 20/– 1T. ETH 4. 41 t.

245 IBIS **PC** VS *SS* SL

PULLMAN PARLOUR FIRST

Built 1928 by Metropolitan Carriage and Wagon Company. Gresley bogies. 24/– 2T. ETH 4.

254 ZENA **PC** VS *SS* SL

PULLMAN KITCHEN FIRST

Built 1928 by Metropolitan Carriage and Wagon Company. Gresley bogies. 20/– 1T. ETH 4. 42 t.

255 IONE **PC** VS *SS* SL

PULLMAN KITCHEN COMPOSITE

Built 1932 by Metropolitan Carriage and Wagon Company. Originally included in 6-Pul EMU. Electric cooking. EMU bogies. 12/16 1T.

264 RUTH **PC** VS SL

PULLMAN KITCHEN FIRST

Built 1932 by Metropolitan Carriage and Wagon Company. Originally included in 'Brighton Belle' EMUs but now used as hauled stock. Electric cooking. B5 (SR) bogies (§ EMU bogies). 20/– 1T. ETH 2. 44 t.

280	AUDREY		**PC**	VS *SS*	SL
281	GWEN		**PC**	VS *SS*	SL
283	MONA	§	**PC**	VS	SL
284	VERA		**PC**	VS *SS*	SL

PULLMAN PARLOUR THIRD

Built 1932 by Metropolitan Carriage and Wagon Company. Originally included in 'Brighton Belle' EMUs. EMU bogies. –/56 2T.

| 285 | CAR No. 85 | **PC** | VS | SL |
| 286 | CAR No. 86 | **PC** | VS | SL |

PULLMAN BRAKE THIRD

Built 1932 by Metropolitan Carriage and Wagon Company. Originally driving motor cars in 'Brighton Belle' EMUs. Traction and control equipment removed for use as hauled stock. EMU bogies. –/48 1T.

288	CAR No. 88	**PC**	VS	SL
292	CAR No. 92	**PC**	VS	SL
293	CAR No. 93	**PC**	VS	SL

PULLMAN PARLOUR FIRST

Built 1951 by Birmingham Railway Carriage and Wagon Company. Gresley bogies. 32/– 2T. ETH 3. 39 t.

301 PERSEUS **PC** VS *SS* SL

Built 1952 by Pullman Car Company, Preston Park using underframe and bogies from 176 RAINBOW, the body of which had been destroyed by fire. Gresley bogies. 26/– 2T. ETH 4. 38 t.

302 PHOENIX **PC** VS *SS* SL

PULLMAN PARLOUR FIRST

Built 1951 by Birmingham Railway Carriage & Wagon Company. Gresley bogies. 32/– 2T. ETH 3. 39 t.

308 CYGNUS   **PC** VS *SS* SL

PULLMAN FIRST BAR

Built 1951 by Birmingham Railway Carriage & Wagon Company. Rebuilt 1999 by Blake Fabrications, Edinburgh with original timber-framed body replaced by a new fabricated steel body. Contains kitchen, bar, dining saloon and coupé. Electric cooking. Gresley bogies. 14/– 1T. ETH 3.

310 PEGASUS   **PC** RA *SS* CP

Also carries "THE TRIANON BAR" branding.

PLATFORM 5 MAIL ORDER

LINE BY LINE
Freightmaster Publishing

Three excellent guidebooks tracing the route of the East Coast, Great Western and West Coast main lines respectively. Each book contains a general overview followed by schematic cross-sections of the entire route, showing gradient profiles and track layout diagrams. Shows all stations, crossings, junctions etc. with notation as appropriate. The diagrams are interspersed with illustrations and a table of miles and chains completes each book. 140 pages. **£14.95 each.**

Line By Line: The East Coast Main Line £14.95
Line By Line: The Great Western Main Line £14.95
Line By Line: The West Coast Main Line £14.95

Please add postage: 10% UK, 20% Europe, 30% Rest of World.

Telephone, fax or send your order to the Platform 5 Mail Order Department. See inside front cover of this book for details.

5. PASSENGER COACHING STOCK AWAITING DISPOSAL

This list contains the last known locations of coaching stock awaiting disposal. The definition of which vehicles are "awaiting disposal" is somewhat vague, but generally speaking these are vehicles of types not now in normal service or vehicles which have been damaged by fire, vandalism or collision.

Number	Location
1644	CS
1650	CS
1652	CS
1653	FP
1655	CS
1663	CS
1670	CS
1684	CS
1688	CS
2127	CS
3234	CP
3239	CP
4860	CS
4932	CS
4997	CS
5042	FP
5476	HM
5505	CS
5533	HM
5574	HM
5585	HM
5595	HM
5645	CS
5709	CS
5712	CS
6335	LA
6339	EC
6345	EC
6347	ZN
6351	ZF
6356	ZF
6357	ZF
6360	NL
6361	NL
6362	LL
6363	LL
6390	ZB
6523	CS
6900	Cambridge Station Yard
6901	Cambridge Station Yard
10322	ZF
10327	ZC
10664	ZN
10669	MM
10677	ZN
10694	MM
10695	ZN
10721	ZN
11213	ZF
11224	ZF
12306	ZF
12314	ZC
12412	ZF
12516	ZF
12525	ZF
13306	CS
13320	CS
13323	CS
17039	CD
17166	ZN
18837	CS
34525	CS
35509	ZH

6. 99xxx RANGE NUMBER CONVERSION TABLE

The following table is presented to help readers identify vehicles which may carry numbers in the 99xxx range, the former private owner number series which is no longer in general use.

99xxx	BR No.	99xxx	BR No.	99xxx	BR No.	99xxx	BR No.
99035	35322	99322	5600	99537	280	99678	504
99040	21232	99323	5704	99538	34991	99679	506
99041	35476	99324	5714	99539	255	99680	17102
99052	45018	99325	5727	99541	243	99710	18767
99121	3105	99326	4954	99542	889202	99712	18893
99125	3113	99327	5044	99543	284	99713	19013
99127	3117	99328	5033	99545	80207	99716	18808
99128	3130	99329	4931	99546	281	99718	18862
99131	1999	99371	3128	99670	546	99721	18756
99304	21256	99405	35486	99671	548	99722	18806
99311	1882	99530	301	99672	549	99723	35459
99312	35463	99531	302	99673	550	99792	17019
99316	13321	99532	308	99674	551	99880	5159
99317	3766	99534	245	99675	552	99881	4807
99318	4912	99535	213	99676	553	99886	35407
99319	17168	99536	254	99677	586	99953	35468
99321	5299						

7. PRESERVED LOCOMOTIVE SUPPORT COACHES TABLE

The following table lists support coaches and the BR numbers of the locomotives which they normally support at present. These coaches can spend considerable periods of time off the Network Rail system when the locomotives they support are not being used on that system.

14007	61264	35329	RL locos	35465	46035	35486	SV locos
17013	60103*	35333	6024	35468	NR locos	35517	BQ locos
17019	46201	35453	5051	35470	TM locos	35518	34067
17096	35028	35461	5029	35476	46233	80204	WC locos
21232	46233	35463	WC locos	35479	SV locos	80220	62005
35317	34067						

* Carries former LNER number 4472.

8. NON-PASSENGER-CARRYING COACHING STOCK

The notes shown for locomotive-hauled passenger stock generally apply also to non-passenger-carrying coaching stock (often abbreviated to NPCCS).

TOPS TYPE CODES

TOPS type codes for NPCCS are made up as follows:

(1) Two letters denoting the type of the vehicle:

AX	Nightstar generator van
AY	Eurostar barrier vehicle
NA	Propelling control vehicle.
NB	High security brake van (100 m.p.h.).
ND	Gangwayed brake van (90 m.p.h.).
NE	Gangwayed brake van (100 m.p.h.).
NG	Motorail loading wagon.
NH	Gangwayed brake van (110 m.p.h.).
NI	High security brake van (110 m.p.h.).
NJ	General utility van (90 m.p.h.).
NK	High security general utility van (100 m.p.h.).
NL	Newspaper van.
NN	Courier vehicle.
NO	General utility van (100 m.p.h. e.t.h. wired).
NP	General utility van for post office use or Motorail van (110 m.p.h.).
NQ	High security brake van (110 m.p.h.).
NR	BAA container van (100 m.p.h.).
NS	Post office sorting van.
NT	Post office stowage van.
NU	Brake post office stowage van.
NV	Motorail van (side loading).
NX	Motorail van (100 m.p.h.).
NY	Exhibition van.
NZ	Driving brake van (also known as driving van trailer).
YR	Ferry van (special Southern Region version of NJ with two pairs of side doors instead of three).

(2) A third letter denoting the brake type:

A	Air braked
V	Vacuum braked
X	Dual braked

OPERATING CODES

The normal operating codes are given in parentheses after the TOPS type codes. These are as follows:

BG	Gangwayed brake van.
BPOT	Brake post office stowage van.
DLV	Driving brake van (also known as driving van trailer – DVT).

80041–80326

GUV General utility van.
PCV Propelling control van.
POS Post office sorting van.
POT Post office stowage van.

AK51 (RK)   KITCHEN CAR

Mark 1. Converted 1989 from RBR. Fluorescent lighting. Commonwealth bogies. ETH 2X.

Lot No. 30628 Pressed Steel 1960–61. 39 t.

Note: Kitchen cars have traditionally been numbered in the NPCCS series, but have passenger coach diagram numbers!

| 80041 | (1690) | x | **M** | E | *SS* | OM |

NN   COURIER VEHICLE

Mark 1. Converted 1986-7 from BSKs. One compartment and toilet retained for courier use. One set of roller shutter doors inserted on each side. ETH 2.

80204/11/13. Lot No. 30699 Wolverton 1962. Commonwealth bogies. 37 t.
80207. Lot No. 30721 Wolverton 1963. Commonwealth bogies. 37 t.
80220. Lot No. 30573 Gloucester 1960. B4 bogies. 33 t.

Non-Standard Livery: 80211 is purple.

Note: Roller shutter doors removed and aperture plated over on 80207.

80204	(35297)	x	**M**	WC	*LS*	CS
80207	(35466)	x	**PC**	VS	*SS*	SL
80211	(35296)		**0**	NR		DY
80213	(35316)	x	**CH**	RV	*SS*	CP
80220	(35276)	x	**M**	NE	*LS*	NY

Name: 80207 is branded 'BAGGAGE CAR No.11'.

NS (POS)   POST OFFICE SORTING VAN

Used in travelling post office (TPO) trains. Mark 1. Pressure ventilated. Fluorescent lighting. B5 bogies. ETH 4X (5X*).

80319–80327. Lot No. 30778 York 1968–69. 35 t.
80331–80337. Lot No. 30779 York 1968–69. 35 t.
80339–80355. Lot No. 30780 York 1968–69. 35 t.
80356–80380. Lot No. 30839 York 1972–73. 37 t.

80319	**RM** E		EN	80323	**RM** E		WE
80320	**RM** E	*E*	WE	80324	**RM** E		WE
80321	**RM** E	*E*	BK	80325	**RM** E		WE
80322	**RM** E	*E*	EN	80326	**RM** E	*E*	EN

80327	**RM** E	*E*	BK		80357	**RM** E	*E*	BK
80331	**RM** E		EN		80358	**RM** E	*E*	EN
80332	**RM** E		WE		80359	**RM** E	*E*	BK
80333	**RM** E		ER		80360	**RM** E	*E*	EN
80334	**RM** E		WE		80361	**RM** E	*E*	EN
80337	**RM** E	*E*	BK		80362	**RM** E	*E*	EN
80339	**RM** E		WE		80363	**RM** E	*E*	BK
80340	**RM** E	*E*	BK		80364	**RM** E	*E*	BK
80341	**RM** E	*E*	EN		80365	**RM** E	*E*	EN
80342	**RM** E		ER		80366	**RM** E		WE
80343	**RM** E		WE		80367	**RM** E	*E*	EN
80344	**RM** E	*E*	BK		80368	**RM** E	*E*	BK
80345	**RM** E	*E*	EN		80369	**RM** E	*E*	EN
80346	**RM** E	*E*	EN		80370	**RM** E	*E*	BK
80347	**RM** E	*E*	EN		80371 *	**RM** E		CF
80348	**RM** E		WE		80372	**RM** E	*E*	EN
80349	**RM** E	*E*	EN		80373	**RM** E	*E*	EN
80350	**RM** E	*E*	BK		80374	**RM** E		WE
80351	**RM** E	*E*	EN		80375	**RM** E	*E*	BK
80352	**RM** E	*E*	BK		80376	**RM** E		WE
80353	**RM** E		ER		80377	**RM** E	*E*	EN
80354	**RM** E	*E*	BK		80378	**RM** E	*E*	EN
80355	**RM** E	*E*	EN		80379	**RM** E	*E*	EN
80356	**RM** E	*E*	BK		80380	**RM** E		EN

Names:

80320	The Borders Mail		80345	Richard Yeo
80323	BRIAN COLLETT		80360	Derek Carter
80327	George James		80367	M.G. Berry
80339	Brian Quinn		80368	George Economou

80381–80395. Lot No. 30900 Wolverton 1977. Converted from SK.

80381	(25112)	**RM** E		WE		80387	(25045)	**RM** E	PQ
80382	(25109)	**RM** E	*E*	EN		80390	(25047)	**RM** E *E*	EN
80383	(25033)	**RM** E		WE		80392	(25082)	**RM** E	ER
80384	(25078)	**RM** E	*E*	EN		80393	(25118)	**RM** E	WE
80385	(25083)	**RM** E	*E*	EN		80394	(25156)	**RM** E *E*	EN
80386	(25099)	**RM** E	*E*	EN		80395	(25056)	**RM** E *E*	EN

Names:

80384	C W Pennell MBE		80390	Ernie Gosling
80385	Paul Rushton			

NT (POT)   POST OFFICE STOWAGE VAN

Mark 1. Open vans used for stowage of mail bags in conjunction with POS.

Lot No. 30488 Wolverton 1959. Originally built with nets for collecting mail bags in motion. Equipment now removed. B5 bogies. ETH 3. 35 t.

80400	**RM** E	CF		80402	**RM** E	EN
80401	**RM** E	PQ				

80403–80458

The following eight vehicles were converted at York from BSK to lot 30143 (80403) and 30229 (80404–80414). No new lot number was issued. B5 bogies. 35 t. (* BR2 bogies 38 t.). ETH 3 (3X*).

80403	(34361)	**RM** E		WE		80411	(35003)	*	**RM** E		ER
80404	(35014)	**RM** E		WE		80412	(35002)	*	**RM** E		ER
80405	(35009)	**RM** E		WE		80413	(35004)	*	**RM** E		WE
80406	(35022)	**RM** E *E*		EN		80414	(35005)	*	**RM** E		WE

Lot No. 30781 York 1968. Pressure ventilated. B5 bogies. ETH 4. 34 t.

80415	**RM** E *E*	EN		80421	**RM** E		WE
80416	**RM** E *E*	EN		80422	**RM** E *E*	EN
80417	**RM** E *E*	EN		80423	**RM** E *E*	EN
80419	**RM** E *E*	BK		80424	**RM** E *E*	EN
80420	**RM** E *E*	EN				

Lot No. 30840 York 1973. Pressure ventilated. fluorescent lighting. B5 bogies. ETH 4X. 35 t.

80425	**RM** E *E*	BK		80428	**RM** E *E*	EN
80426	**RM** E *E*	EN		80429	**RM** E *E*	BK
80427	**RM** E *E*	EN		80430	**RM** E *E*	EN

Lot No. 30901 Wolverton 1977. converted from SK. Pressure ventilated. Fluorescent lighting. B5 bogies. ETH 4X. 35 t.

80431	(25104)	**RM** E *E*	EN		80436	(25077)	**RM** E	ER
80432	(25071)	**RM** E	PQ		80437	(25068)	**RM** E	CF
80433	(25150)	**RM** E *E*	BK		80438	(25139)	**RM** E *E*	BK
80434	(25119)	**RM** E	PQ		80439	(25127)	**RM** E *E*	BK
80435	(25117)	**RM** E *E*	EN					

NU (BPOT) BRAKE POST OFFICE STOWAGE VAN

Mark 1. As NT but with brake compartment. Pressure ventilated. B5 bogies. ETH4.

Lot No. 30782 York 1968. 36 t.

80456	**RM** E *E*	EN		80458	**RM** E	EN
80457	**RM** E *E*	EN				

ND (BG) GANGWAYED BRAKE VAN (90 m.p.h.)

Mark 1. Short frames (57'). Load 10t. All vehicles were built with BR Mark 1 bogies. ETH 1. Vehicles numbered 81xxx had 3000 added to the original numbers to avoid confusion with Class 81 locomotives. The full lot number list is listed here for reference purposes with renumbered vehicles. No unmodified vehicles remain in service.

80621. Lot No. 30046 York 1954. 31.5 t.
80826. Lot No. 30144 Cravens 1955. 31.5 t.
80855–80959. Lot No. 30162 Pressed Steel 1956–57. 32 t.
80980–81001. Lot No. 30173 York 1956. 31.5 t.
81025–81026. Lot No. 30224 Cravens 1956. 31.5 t.

81077–81175. Lot No. 30228 Metro-Cammell 1957–58. 31.5 t.
81205–81265. Lot No. 30163 Pressed Steel 1957. 31.5 t.
81266–81309. Lot No. 30323 Pressed Steel 1957. 32 t.
81325–81497. Lot No. 30400 Pressed Steel 1957–58. 32 t.
81498–81568. Lot No. 30484 Pressed Steel 1958. 32 t.
81606. Lot No. 30716 Gloucester 1962. 31 t.

Non-standard Livery: 81025 is British racing green with gold lining.

The following vehicle is an ND rebogied with Commonwealth bogies and adapted for use as exhibition van 1998 at Lancastrian Carriage & Wagon Co. Ltd. 33 t.

81025 (81025, 84025) **0** RA *SS* CP

Name: 81025 VALIANT

NZ (DLV)   DRIVING BRAKE VAN (110 m.p.h.)

Mark 3B. Air conditioned. T4 bogies. dg. ETH 5X.

Lot No. 31042 Derby 1988. 45.18 t.

82101	V	P	*VW*	OY	82127	V	P	*VW*	OY
82102	V	P	*VW*	MA	82128	V	P	*VW*	OY
82103	V	P	*VW*	OY	82129	V	P	*VW*	OY
82104	V	P	*VW*	MA	82130	V	P		MA
82105	V	P	*VW*	MA	82131	V	P	*VW*	OY
82106	V	P	*VW*	OY	82132	V	P	*VW*	OY
82107	V	P	*VW*	MA	82133	V	P		MA
82108	V	P	*VW*	MA	82134	V	P	*VW*	OY
82109	V	P	*VW*	MA	82135	V	P		MA
82110	V	P	*VW*	MA	82136	V	P	*VW*	MA
82111	V	P	*VW*	MA	82137	V	P		MA
82112	V	P	*VW*	MA	82138	V	P	*VW*	MA
82113	V	P	*VW*	OY	82139	V	P	*VW*	MA
82114	V	P	*VW*	MA	82140	V	P	*VW*	MA
82115	V	P	*VW*	MA	82141	V	P		MA
82116	V	P	*VW*	MA	82142	V	P		LT
82117	V	P		MA	82143	V	P	*VW*	OY
82118	V	P	*VW*	OY	82144	V	P	*VW*	OY
82119	V	P		MA	82145	V	P	*VW*	MA
82120	V	P	*VW*	MA	82146	V	P		TO
82121	V	P	*VW*	MA	82147	V	P	*VW*	MA
82122	V	P	*VW*	OY	82148	V	P	*VW*	MA
82123	V	P		MA	82149	V	P		LT
82124	V	P	*VW*	MA	82150	V	P	*VW*	MA
82125	V	P	*VW*	MA	82151	V	P	*VW*	OY
82126	V	P	*VW*	OY	82152	V	P	*VW*	MA

Names:

82101   101 Squadron
82115   Liverpool John Moores University
82120   Liverpool Chamber of Commerce
82121   Carlisle Cathedral

82124 The Girls' Brigade
82126 G8 Summit Birmingham 1998
82132 INDUSTRY 96 West Midlands
82134 Sir Henry Doulton 1820–1897
82135 Spirit of Cumbria
82147 The Red Devils
82148 International Spring Fair

NZ (DLV)   DRIVING BRAKE VAN (140 m.p.h.)

Mark 4. Air conditioned. Swiss-built (SIG) bogies. dg. ETH 6X.

Lot No. 31043 Metro-Cammell 1988. 45.18 t.

82200	**GN**	H	*GN*	BN		82216	**GN**	H	*GN*	BN
82201	**GN**	H	*GN*	BN		82217	**GN**	H	*GN*	BN
82202	**GN**	H	*GN*	BN		82218	**GN**	H	*GN*	BN
82203	**GN**	H	*GN*	BN		82219	**GN**	H	*GN*	BN
82204	**GN**	H	*GN*	BN		82220	**GN**	H	*GN*	BN
82205	**GN**	H	*GN*	BN		82222	**GN**	H	*GN*	BN
82206	**GN**	H	*GN*	BN		82223	**GN**	H	*GN*	BN
82207	**GN**	H	*GN*	BN		82224	**GN**	H	*GN*	BN
82208	**GN**	H	*GN*	BN		82225	**GN**	H	*GN*	BN
82209	**GN**	H	*GN*	BN		82226	**GN**	H	*GN*	BN
82210	**GN**	H	*GN*	BN		82227	**GN**	H	*GN*	BN
82211	**GN**	H	*GN*	BN		82228	**GN**	H	*GN*	BN
82212	**GN**	H	*GN*	BN		82229	**GN**	H	*GN*	BN
82213	**GN**	H	*GN*	BN		82230	**GN**	H	*GN*	BN
82214	**GN**	H	*GN*	BN		82231	**GN**	H	*GN*	BN
82215	**GN**	H	*GN*	BN						

Name: 82219 Duke of Edinburgh

NJ (GUV)   GENERAL UTILITY VAN

Mark 1. Short frames. Load 14 t. Screw couplings. These vehicles had 7000 added to the original numbers to avoid confusion with Class 86 locomotives. The full lot number list is listed here for reference purposes with renumbered vehicles. No unmodified vehicles remain in service. All vehicles were built with BR Mark 2 bogies. ETH 0 or 0X*.

86081–86499. Lot No. 30417 Pressed Steel 1958–59. 30 t.
86508–86518. Lot No. 30343 York 1957. 30 t.
86521–86648. Lot No. 30403 York/Glasgow 1958–60. 30 t.
86656–86820. Lot No. 30565 Pressed Steel 1959. 30 t.
86849–86956. Lot No. 30616 Pressed Steel 1959–60. 30 t.

NE/NH (BG) GANGWAYED BRAKE VAN (100/110 m.p.h.)

NE are ND but rebogied with B4 bogies suitable for 100 m.p.h. NH are identical but are allowed to run at 110 m.p.h. with special maintenance of the bogies. For lot numbers refer to original number series. Deduct 1.5t from weights. 92901–986 were renumbered from 920xx series by adding 900 to number to avoid conflict with Class 92 locos. All NHA are *pg. ETH 1 (1X*).

b In use as Pendolino barrier vehicle.
92936 is leased to Riviera Trains.

92100	(81391)	to		RV		CP
92111	(81432)	NHAb		LW	*FL*	CP
92114	(81443)	NHA		NR		DY
92125	(81470)	to		DR		KM
92146	(81498)	NHA		NR		DY
92159	(81534)	NHA		H		CP
92174	(81567)	NHA		H		PY
92175	(81568)	pg		H		CP
92194	(81606)	to		H		PY
92261	(80988)	x*	**RY**	E		BK
92901	(80855, 92001)	NHA		H		PY
92904	(80867, 92004)	*pg	**G**	VS		SL
92908	(80895, 92008)	NHA	**M**	WC	*SS*	CS
92912	(80910, 92012)	*pg		H		KT
92929	(81077, 92029)	NHAb		LW	*FL*	CP
92931	(81102, 92031)	NHA		H		PY
92935	(81150, 92035)	*pg		H		PY
92936	(81158, 92036)	NHA		H	*SS*	OM
92938	(81173, 92038)	NHA		H		PY
92939	(81175, 92039)	NHA		NR		DY
92946	(81214, 92046)	NHA		H		PY
92986	(81282, 92086)	to		H		CP

NL   NEWSPAPER VAN

Mark 1. Short frames (57'). Converted from NJ (GUV). Fluorescent lighting, toilets and gangways fitted. Load 14 t. Now used for materials storage. B5 Bogies. ETH 3X.

Lot No. 30922 Wolverton 1977–78. 31 t.

94003	(86281, 93999)	x	**RX**	FG	*GW*	OO
94006	(86202, 85506)		**RX**	FG	*GW*	OO

NKA   HIGH SECURITY GENERAL UTILITY VAN

Mark 1. These vehicles are GUVs further modified with new floors, three roller shutter doors per side and the end doors removed. For lot Nos. see original number series. Commonwealth bogies. Add 2 t to weight. ETH0X.

94100	(86668, 95100)	**RX**	E		ML
94101	(86142, 95101)	**RX**	E	*E*	BK
94102	(86762, 95102)	**RX**	E	*E*	BK
94103	(86956, 95103)	**RX**	E	*E*	BK
94104	(86942, 95104)	**RX**	E	*E*	EN
94106	(86353, 95106)	**RX**	E		PQ
94107	(86576, 95107)	**RX**	E	*E*	EN
94108	(86600, 95108)	**RX**	E	*E*	BK

94110	(86393, 95110)	**RX**	E	*E*	BK
94111	(86578, 95111)	**RX**	E	*E*	EN
94112	(86673, 95112)	**RX**	E	*E*	EN
94113	(86235, 95113)	**RX**	E	*E*	BK
94114	(86081, 95114)	**RX**	E	*E*	BK
94116	(86426, 95116)	**RX**	E	*E*	BK
94117	(86534, 95117)	**RX**	E	*E*	BK
94118	(86675, 95118)	**RX**	E	*E*	EN
94119	(86167, 95119)	**RX**	E	*E*	EN
94121	(86518, 95121)	**RX**	E	*E*	BK
94123	(86376, 95123)	**RX**	E	*E*	BK
94126	(86692, 95126)	**RX**	E		ER
94132	(86607, 95132)	**RX**	E		PQ
94133	(86604, 95133)	**RX**	E	*E*	BK
94137	(86610, 95137)	**RX**	E	*E*	EN
94138	(86212, 95138)	**RX**	E		PQ
94140	(86571, 95140)	**RX**	E	*E*	BK
94146	(86648, 95146)	**RX**	E		OC
94147	(86091, 95147)	**RX**	E	*E*	BK
94148	(86416, 95148)	**RX**	E		ER
94150	(86560, 95150)	**RX**	E	*E*	BK
94153	(86798, 95153)	**RX**	E	*E*	EN
94155	(86820, 95155)	**RX**	E	*E*	EN
94157	(86523, 95157)	**RX**	E	*E*	EN
94160	(86581, 95160)	**RX**	E	*E*	BK
94164	(86104, 95164)	**RX**	E		ML
94166	(86112, 95166)	**RX**	E	*E*	BK
94168	(86914, 95168)	**RX**	E	*E*	BK
94170	(86395, 95170)	**RX**	E		ML
94172	(86429, 95172)	**RX**	E		ML
94174	(86852, 95174)	**RX**	E		WE
94175	(86521, 95175)	**RX**	E	*E*	BK
94176	(86210, 95176)	**RX**	E	*E*	EN
94177	(86411, 95177)	**RX**	E	*E*	EN
94180	(86362, 95141)	**RX**	E	*E*	EN
94182	(86710, 95182)	**RX**	E	*E*	BK
94190	(86624, 95350)	**RX**	E	*E*	EN
94191	(86596, 95351)	**RX**	E	*E*	BK
94192	(86727, 95352)	**RX**	E	*E*	EN
94193	(86514, 95353)	**RX**	E	*E*	EN
94195	(86375, 95355)	**RX**	E	*E*	BK
94196	(86478, 95356)	**RX**	E	*E*	BK
94197	(86508, 95357)	**RX**	E	*E*	BK
94198	(86195, 95358)	**RX**	E	*E*	BK
94199	(86854, 95359)	**RX**	E	*E*	BK
94200	(86207, 95360)	**RX**	E	*E*	EN
94202	(86563, 95362)	**RX**	E	*E*	BK
94203	(86345, 95363)	**RX**	E	*E*	BK
94204	(86715, 95364)	**RX**	E		ER
94205	(86857, 95365)	**RX**	E		WE
94207	(86529, 95367)	**RX**	E	*E*	BK

94208	(86656, 95368)	**RX** E	*E*	EN
94209	(86390, 95369)	**RX** E	*E*	BK
94211	(86713, 95371)	**RX** E		PQ
94212	(86728, 95372)	**RX** E	*E*	EN
94213	(86258, 95373)	**RX** E	*E*	EN
94214	(86367, 95374)	**RX** E	*E*	BK
94215	(86862, 94077)	**RX** E	*E*	BK
94216	(86711, 93711)	**RX** E		PQ
94217	(86131, 93131)	**RX** E	*E*	BK
94218	(86541, 93541)	**RX** E	*E*	BK
94221	(86905, 93905)	**RX** E	*E*	BK
94222	(86474, 93474)	**RX** E	*E*	EN
94223	(86660, 93660)	**RX** E	*E*	BK
94224	(86273, 93273)	**RX** E	*E*	BK
94225	(86849, 93849)	**RX** E	*E*	BK
94226	(86525, 93525)	**RX** E	*E*	BK
94227	(86585, 93585)	**RX** E	*E*	BK
94228	(86511, 93511)	**RX** E	*E*	BK
94229	(86720, 93720)	**RX** E	*E*	BK

NAA   PROPELLING CONTROL VEHICLE

Mark 1. Class 307 driving trailers converted for use in propelling mail trains out of termini. Fitted with roller shutter doors. Equipment fitted for communication between cab of PCV and locomotive. B5 bogies. ETH 2X.

Lot No. 30206 Eastleigh 1954–56. Converted at Hunslet-Barclay, Kilmarnock 1994–6.

94302	(75124)	**RX** E	*E*	BK		94323	(75110)	**RX** E	*E*	EN
94303	(75131)	**RX** E		EN		94324	(75103)	**RX** E	*E*	EN
94304	(75107)	**RX** E		WE		94325	(75113)	**RX** E	*E*	EN
94305	(75104)	**RX** E		EN		94326	(75123)	**RX** E	*E*	BK
94306	(75112)	**RX** E	*E*	BK		94327	(75116)	**RX** E		WE
94307	(75127)	**RX** E		OC		94331	(75022)	**RX** E	*E*	BK
94308	(75125)	**RX** E	*E*	EN		94332	(75011)	**RX** E	*E*	EN
94309	(75130)	**RX** E	*E*	EN		94333	(75016)	**RX** E	*E*	EN
94310	(75119)	**RX** E	*E*	EN		94334	(75017)	**RX** E	*E*	EN
94311	(75105)	**RX** E	*E*	EN		94335	(75032)	**RX** E	*E*	BK
94312	(75126)	**RX** E		CF		94336	(75031)	**RX** E	*E*	EN
94313	(75129)	**RX** E	*E*	BK		94337	(75029)	**RX** E	*E*	EN
94314	(75109)	**RX** E		CF		94338	(75008)	**RX** E	*E*	EN
94315	(75132)	**RX** E	*E*	EN		94339	(75024)	**RX** E	*E*	BK
94316	(75108)	**RX** E	*E*	EN		94340	(75012)	**RX** E	*E*	BK
94317	(75117)	**RX** E	*E*	EN		94341	(75007)	**RX** E	*E*	BK
94318	(75115)	**RX** E	*E*	EN		94342	(75005)	**RX** E	*E*	BK
94319	(75128)	**RX** E	*E*	EN		94343	(75027)	**RX** E		WE
94320	(75120)	**RX** E	*E*	EN		94344	(75014)	**RX** E	*E*	BK
94321	(75122)	**RX** E	*E*	EN		94345	(75004)	**RX** E	*E*	EN
94322	(75111)	**RX** E		EN						

NBA HIGH SECURITY BRAKE VAN (100 m.p.h.)

Mark 1. These vehicles are NEs further modified with sealed gangways, new floors, built-in tail lights and roller shutter doors. For lot Nos. see original number series. B4 bogies. 31.4 t. ETH 1X.

94400	(81224, 92954)	**RX**	E	*E*	BK
94401	(81277, 92224)	**RX**	E	*E*	EN
94403	(81479, 92629)	**RX**	E	*E*	BK
94404	(81486, 92135)	**RX**	E		CF
94405	(80890, 92233)	**RX**	E		EN
94406	(81226, 92956)	**RX**	E	*E*	BK
94407	(81223, 92553)	**RX**	E		CF
94408	(81264, 92981)	**RX**	E	*E*	BK
94410	(81205, 92941)	**RX**	E	*E*	EN
94411	(81378, 92997)	**RX**	E	*E*	EN
94412	(81210, 92945)	**RX**	E	*E*	EN
94413	(80909, 92236)	**RX**	E	*E*	EN
94414	(81377, 92996)	**RX**	E	*E*	BK
94415	(81309, 92992)	**RX**	E		PQ
94416	(80929, 92746)	**RX**	E	*E*	BK
94418	(81248, 92244)	**RX**	E	*E*	BK
94420	(81325, 92263)	**RX**	E	*E*	BK
94422	(81516, 92651)	**RX**	E	*E*	BK
94423	(80923, 92914)	**RX**	E	*E*	BK
94424	(81400, 92103)	**RX**	E		ML
94427	(80894, 92754)	**RX**	E	*E*	BK
94428	(81550, 92166)	**RX**	E	*E*	BK
94429	(80870, 92232)	**RX**	E	*E*	EN
94431	(81401, 92604)	**RX**	E	*E*	BK
94432	(81383, 92999)	**RX**	E	*E*	EN
94433	(81495, 92643)	**RX**	E	*E*	EN
94434	(81268, 92584)	**RX**	E	*E*	EN
94435	(81485, 92134)	**RX**	E	*E*	EN
94436	(81237, 92565)	**RX**	E	*E*	BK
94437	(81403, 92208)	**RX**	E	*E*	EN
94438	(81425, 92251)	**RX**	E		PQ
94439	(81480, 92130)	**RX**	E		ER
94440	(81497, 92645)	**RX**	E	*E*	BK
94441	(81492, 92140)	**RX**	E		ML
94442	(80932, 92723)	**RX**	E		ER
94443	(81473, 92127)	**RX**	E	*E*	BK
94444	(81484, 92133)	**RX**	E	*E*	BK
94445	(81444, 92615)	**RX**	E	*E*	EN
94446	(80857, 92242)	**RX**	E		ER
94447	(81515, 92266)	**RX**	E	*E*	EN
94448	(81541, 92664)	**RX**	E	*E*	BK
94449	(81536, 92747)	**RX**	E	*E*	BK
94450	(80927, 92915)	**RX**	E	*E*	BK
94451	(80955, 92257)	**RX**	E	*E*	EN

94452	(81394, 92602)	**RX**	E		PQ
94453	(81170, 92239)	**RX**	E	*E*	EN
94454	(81465, 92124)	**RX**	E	*E*	EN
94455	(81239, 92264)	**RX**	E	*E*	BK
94458	(81255, 92974)	**RX**	E	*E*	BK
94459	(81490, 92138)	**RX**	E	*E*	BK
94460	(81266, 92983)	**RX**	E	*E*	EN
94461	(81487, 92136)	**RX**	E	*E*	EN
94462	(81289, 92270)	**RX**	E	*E*	EN
94463	(81375, 92995)	**RX**	E	*E*	EN
94464	(81240, 92262)	**RX**	E	*E*	EN
94465	(81481, 92131)	**RX**	E	*E*	BK
94466	(81236, 92964)	**RX**	E	*E*	EN
94467	(81245, 92969)	**RX**	E	*E*	BK
94468	(81259, 92978)	**RX**	E	*E*	BK
94469	(81260, 92979)	**RX**	E	*E*	BK
94470	(81442, 92113)	**RX**	E	*E*	EN
94471	(81518, 92152)	**RX**	E		ER
94472	(81256, 92975)	**RX**	E	*E*	BK
94473	(81262, 92272)	**RX**	E	*E*	EN
94474	(81452, 92618)	**RX**	E	*E*	EN
94475	(81208, 92943)	**RX**	E	*E*	EN
94476	(81209, 92944)	**RX**	E	*E*	BK
94477	(81494, 92642)	**RX**	E	*E*	BK
94478	(81488, 92637)	**RX**	E	*E*	EN
94479	(81482, 92132)	**RX**	E	*E*	BK
94480	(81411, 92608)	**RX**	E	*E*	EN
94481	(81493, 92641)	**RX**	E	*E*	BK
94482	(81491, 92639)	**RX**	E	*E*	EN
94483	(81500, 92647)	**RX**	E	*E*	EN
94484	(81426, 92110)	**RX**	E	*E*	BK
94485	(81496, 92644)	**RX**	E	*E*	EN
94486	(81254, 92973)	**RX**	E	*E*	BK
94487	(81413, 92609)	**RX**	E	*E*	BK
94488	(81405, 92105)	**RX**	E	*E*	BK
94490	(81409, 92606)	**RX**	E	*E*	EN
94492	(80888, 92721)	**RX**	E	*E*	BK
94493	(80944, 92919)	**RX**	E	*E*	BK
94494	(81451, 92617)	**RX**	E	*E*	BK
94495	(80871, 92755)	**RX**	E	*E*	BK
94496	(81514, 92650)	**RX**	E	*E*	BK
94497	(80877, 92717)	**RX**	E	*E*	BK
94498	(81225, 92555)	**RX**	E	*E*	BK
94499	(81258, 92577)	**RX**	E	*E*	BK

NBA/NIA/NOA HIGH SECURITY BRAKE VAN (100/110 m.p.h.)

Mark 1. These vehicles are NEs further modified with sealed gangways, new floors, built-in tail lights and roller shutter doors. For lot Nos. see original number series. B4 bogies. 31.4 t. ETH 1X.

These vehicles are identical to the 94400–94499 series. Certain vehicles are being given a special maintenance regime whereby tyres are reprofiled more frequently than normal and are then allowed to run at 110 m.p.h. Vehicles from the 94400 series upgraded to 110 m.p.h. are being renumbered in this series. Vehicles are NBA (100 m.p.h.) unless marked NIA or NQA (110 m.p.h.). NQA are vehicles which were modified for haulage by Class 90/2 locomotives which were fitted with composition brake blocks.

94500	(81457, 92121)	NIA	**RX**	E	*E*	ML
94501	(80891, 92725)		**RX**	E	*E*	BK
94502	(80924, 92720)	NQA	**RX**	E	*E*	ML
94503	(80873, 92709)	NIA	**RX**	E	*E*	ML
94504	(80935, 92748)	NQA	**RX**	E	*E*	BK
94505	(81235, 92750)	NIA	**RX**	E	*E*	ML
94506	(80958, 92922)	NIA	**RX**	E	*E*	ML
94507	(80876, 92505)	NIA	**RX**	E	*E*	ML
94508	(80887, 92722)	NQA	**RX**	E	*E*	BK
94509	(80897, 92509)	NQA	**RX**	E	*E*	ML
94510	(80945, 92265)		**RX**	E		WE
94511	(81504, 92714)	NIA	**RX**	E	*E*	ML
94512	(81265, 92582)		**RX**	E	*E*	BK
94513	(81257, 92576)		**RX**	E	*E*	BK
94514	(81459, 92122)	NIA	**RX**	E	*E*	ML
94515	(80916, 92513)	NQA	**RX**	E	*E*	ML
94516	(81267, 92211)	NQA	**RX**	E	*E*	ML
94517	(81489, 92243)	NIA	**RX**	E	*E*	BK
94518	(81346, 92258)		**RX**	E	*E*	BK
94519	(80930, 92916)	NQA	**RX**	E	*E*	ML
94520	(80940, 92917)	NQA	**RX**	E	*E*	ML
94521	(80900, 92510)	NIA	**RX**	E	*E*	ML
94522	(80880, 92907)	NIA	**RX**	E		ML
94523	(81509, 92649)	NIA	**RX**	E	*E*	BK
94524	(81454, 94457)	NQA	**RX**	E	*E*	BK
94525	(80902, 92229)	NIA	**RX**	E	*E*	ML
94526	(80941, 92518)	NIA	**RX**	E	*E*	ML
94527	(80921, 92728)	NQA	**RX**	E	*E*	BK
94528	(81404, 92267)		**RX**	E	*E*	BK
94529	(80959, 92252)	NQA	**RX**	E	*E*	BK
94530	(81511, 94409)	NIA	**RX**	E	*E*	ML
94531	(80879, 94456)	NQA	**RX**	E	*E*	ML
94532	(81423, 94489)	NQA	**RX**	E	*E*	BK
94534	(80908, 94430)	NIA	**RX**	E	*E*	BK
94535	(80858, 94419)	NIA	**RX**	E	*E*	BK
94536	(80936, 94491)	NIA	**RX**	E	*E*	BK
94537	(81230, 94421)	NIA	**RX**	E		CF
94538	(81283, 94426)	NQA	**RX**	E	*E*	BK

NBA HIGH SECURITY BRAKE VAN (100 m.p.h.)

Mark 1. Details as for 94400–99 but fitted with Commonwealth bogies. 34.4 t. ETH 1X.

94539	(81501, 92302)		**RX**	E	*E*	BK

94540	(81431, 92860)	**RX**	E	*E*	BK
94541	(80980, 92316)	**RX**	E	*E*	BK
94542	(80995, 92330)	**RX**	E	*E*	BK
94543	(81026, 92389)	**RX**	E	*E*	BK
94544	(81083, 92345)	**RX**	E	*E*	BK
94545	(81001, 92327)	**RX**	E	*E*	BK
94546	(81339, 92804)	**RX**	E	*E*	BK
94547	(80861, 92392)	**RX**	E	*E*	BK
94548	(81154, 92344)	**RX**	E	*E*	BK

NAA   PROPELLING CONTROL VEHICLE

Mark 1. Class 307 driving trailers converted for use in propelling mail trains out of termini. Fitted with roller shutter doors. Equipment was fitted for communication between cab of PCV and locomotive but this is now isolated. ETH 2X.

Lot No. 30206 Eastleigh 1954–56. Converted at RTC, Derby 1993.

95300	(75114, 94300)	**E**	E	ML
95301	(75102, 94301)	**E**	E	ML

NRA   BAA CONTAINER VAN (100 m.p.h.)

Mark 1. Modified for carriage of British Airports Authority containers with roller shutter doors and roller floors and gangways removed. Now used for general parcels traffic. For lot Nos. see original number series. Commonwealth bogies. Add 2 t to weight. ETH3.

95400	(80621, 95203)	**E**	E	*E*	ML
95410	(80826, 95213)	**E**	E	*E*	ML

NOA   HIGH SECURITY GENERAL UTILITY VAN

Mark 1. These vehicles are GUVs further modified with new floors, two roller shutter doors per side, middle doors sealed and end doors removed. For lot Nos. see original number series. Commonwealth bogies. Add 2 t to weight. ETH 0X.

95715	(86174, 95115)	**R**	E	*E*	EN
95727	(86323, 95127)	**R**	E	*E*	EN
95734	(86462, 95134)	**R**	E	*E*	EN
95739	(86172, 95139)	**R**	E	*E*	EN
95743	(86485, 95143)	**R**	E	*E*	EN
95749	(86265, 95149)	**R**	E	*E*	EN
95754	(86897, 95154)	**R**	E	*E*	EN
95758	(86499, 95158)	**R**	E	*E*	EN
95759	(86084, 95159)	**R**	E	*E*	EN
95761	(86205, 95161)	**R**	E	*E*	EN
95762	(86122, 95162)	**R**	E	*E*	EN
95763	(86407, 95163)	**R**	E	*E*	EN

▲ ScotRail Caledonian Sleeper-liveried Mark 3A SLE 10693 at Fort William on 01/09/03. **Robert Pritchard**

▼ Mark 4 TSOE 12216 at Doncaster on 11/04/03. **Robert Pritchard**

▲ BR maroon-liveried BR design Inspection Saloon 999506 at Crewe Works during the 160th anniversary open weekend on 31/05/03. **Alan Yearsley**

▼ Great Northern Railway First Class Saloon 807 is seen in the "Queen of Scots" rake at Ascot on 21/06/02. **Darren Ford**

▲ Pullman Kitchen First 255 "IONE" at Cardiff Central on 29/06/02. **Ivor Bufton**

▼ Mark 4 Driving Van Trailer 82223 on the rear of a London King's Cross–Leeds service at Stevenage on 15/08/03. On the right is WAGN Class 365 unit 365 524.
Mervyn Turvey

▲ The Prince of Wales's saloon 2923 at York on 21/02/03. **Robert Pritchard**

▼ EWS-liveried Mark 1 generator van 6313 at Northampton on 14/06/03 at the head of a charter to London Victoria. **Mark Beal**

▲ Network Rail-liveried Power Upgrade Generator Van 6260 at MoD Ludgershall on 13/10/03. This vehicle is part of a set used in connection with the Southern Region power supply upgrade programme. **Alan Yearsley**

▼ Porterbrook Leasing Company-liveried HST Barrier Vehicle 6392 at Derby on 09/07/03. **Robert Pritchard**

▲ Post Office stowage van 80429 at Carlisle on 16/06/03. **Robert Pritchard**

▼ Red-liveried High Security General Utility Van 95759 is seen stabled at Carlisle on 16/06/03. **Robert Pritchard**

▲ Propelling Control Vehicle 94320 in Rail Express Systems livery at Plymouth on 06/09/03. **Robert Pritchard**

▼ Railtrack blue & green-liveried Structure Gauging Train Dormitory and Generator Coach 975280 at Llandudno Junction on 21/02/03. **Ivor Bufton**

▲ Serco Railtest-liveried Test Train Brake Force Runner 977905 on the rear of a Derby–Newcastle Serco test train working at Doncaster on 29/07/02. **Simon Wright**

▼ Network Rail "New Measurement Train" HST conference car 977984 (former TRFK 40501) at Derby on 30/07/03. **Paul Robertson**

NP/NX/NV (GUV) MOTORAIL VAN (100 m.p.h.)

Mark 1. For details and lot numbers see original number series. ETH 0 (0X*).

Notes: 96100 was authorised for 110 m.p.h. and is classified NP.
96101 has a new prototype body built 1998 by Marcroft Engineering with side loading and one end sealed and is classified NV.

b In use as Pendolino barrier vehicle.

96100	(86734, 93734)	*B5		H		TM
96101	(86741, 93741)	*B5	**HB**	H		PY
96110	(86738, 93738)	*C		H		PY
96132	(86754, 93754)	*C		H		LT
96135	(86755, 93755)	C		H		CP
96139	(86751, 93751)	C		H	*VW*	MA
96164	(86880, 93880)	*C		H		LT
96165	(86784, 93784)	*C		WC		CS
96170	(86159, 93159)	x*C		WC		CS
96175	(86628, 93628)	x*C		WC		CS
96178	(86782, 93782)	*C		WC		CS
96181	(86875, 93875)	*C		H		ZH
96182	(86944, 93944)	*C b	**K**	LW	*FL*	CP
96191	(86665, 93665)	x*C		WC		CS

NP (GUV) MOTORAIL VAN (110 m.p.h.)

Mark 1. Vehicles modified with concertina end doors. For details and lot numbers see original number series. B5 Bogies. ETH 0X.

96210	(86355, 96159)	NR	ZA
96212	(86443, 96161)	NR	ZA
96218	(86286, 96151)	NR	ZA

AX5G NIGHTSTAR GENERATOR VAN

Mark 3A. Generator vans converted from sleeping cars for use on 'Nightstar' services. Designed to operate between two Class 37/6 locomotives. Gangways removed. Two Cummins diesel generator groups providing a 1500 V train supply. Hydraulic parking brake. 61-way ENS interface jumpers. BT10 bogies.

Lot No. 30960 Derby 1981–83. 46.01 t.

96371	(10545, 6371)	**EP**	EU	*EU*	NP
96372	(10564, 6372)	**EP**	EU	*EU*	NP
96373	(10568, 6373)	**EP**	EU	*EU*	NP
96374	(10585, 6374)	**EP**	EU	*EU*	NP
96375	(10587, 6375)	**EP**	EU	*EU*	NP

AY5 (BV) EUROSTAR BARRIER VEHICLE

Mark 1. Converted from GUVs. Bodies removed. B4 bogies.
96380–96382. Lot No. 30417 Pressed Steel 1958–59. 40 t.

96383. Lot No. 30565 Pressed Steel 1959. 40 t.
96384. Lot No. 30616 Pressed Steel 1959–60. 40 t.

96380	(86386, 6380)	**B**	EU	*EU*	NP
96381	(86187, 6381)	**B**	EU	*EU*	NP
96382	(86295, 6382)	**B**	EU	*EU*	NP
96383	(86664, 6383)	**B**	EU	*EU*	NP
96384	(86955, 6384)	**B**	EU	*EU*	NP

NG   MOTORAIL LOADING WAGON

These vehicles have been converted and renumbered from weltrol wagons and were used for loading purposes.

Built Swindon 1960. Wagon Lot No. 3102 (3192*).

96452	(B900917)		H	BR
96453	(B900926)	*	H	BR

NVA   MOTORAIL VAN (100 m.p.h.)

Mark 1. Built 1998–9 by Marcroft Engineering using underframe and running gear from Motorail GUVs. Side loading with one end sealed. The vehicles run in pairs and access is available to the adjacent vehicle. For details and lot numbers see original number series. B5 bogies. ETH 0X.

96602	(86097, 96150)	**FP**	H	*GW*	PZ
96603	(86334, 96155)	**FP**	H	*GW*	PZ
96604	(86337, 96156)	**FP**	H	*GW*	PZ
96605	(86344, 96157)	**FP**	H	*GW*	PZ
96606	(86324, 96213)	**FP**	H	*GW*	PZ
96607	(86351, 96215)	**FP**	H	*GW*	PZ
96608	(86385, 96216)	**FP**	H	*GW*	PZ
96609	(86327, 96217)	**FP**	H	*GW*	PZ

NY   ULTRASONIC TEST COACH

Converted Railway Age, Crewe 1996 from FO to Exhibition Van. Further converted at Alstom, Wolverton Works 2002 to Ultrasonic Test Coach. B4 bogies.

Lot No. 30843 Derby 1972–73.

99666	(3250)	**RK**	NR	*SO*	ZA

YR   FERRY VAN

This vehicle was built to a wagon lot although the design closely resembles that of NJ except it only has two sets of doors per side. Short Frames (57'). Load 14 t. Commonwealth bogies.

Built Eastleigh 1958. Wagon Lot. No. 2849. 30 t.

Non-Standard Livery: 889202 is Pullman Car umber with gold lining and lettering.

889202		**0**	VS	*SS*	CP

Name: 889202 is branded 'BAGGAGE CAR No.8'.

# 9. SERVICE STOCK

Vehicles in this section are numbered in the former BR departmental number series. They are used for internal purposes within the railway industry, i.e. they do not generate revenue from outside the industry.

EMU TRANSLATOR VEHICLES

These vehicles are used to move EMU vehicles around the National Rail system in the same way as other vehicles included in this book. Similar vehicles numbered in the BR capital stock series are included elsewhere in this book. Converted from Mark 1 TSO, RSOs, RUOs, BSKs and GUVs (NP/NL).

975864. Lot No. 30054 Eastleigh 1951–54. Commonwealth bogies.
975867. Lot No. 30014 York 1950–51. Commonwealth bogies.
975875. Lot No. 30143 Charles Roberts 1954–55. Commonwealth bogies.
975974–975978. Lot No. 30647 Wolverton 1959–61. Commonwealth bogies.
977087. Lot No. 30229 Metro–Cammell 1955–57. Commonwealth bogies.
977942/948. Lot No. 30417 Pressed Steel 1958–59. B5 bogies.
977943/949. Lot No. 30565 Pressed Steel 1959. B5 bogies.

Non-standard livery: 975974 and 975978 are in plain grey.

975864	(3849)	**HB**	H	*SR*	GW
975867	(1006)	**HB**	H	*SR*	GW
975875	(34643)	**HB**	H	*WN*	HE
975974	(1030)	**0**	A	*ME*	BD
975976	(1033)		A		KT
975977	(1023)		A		KT
975978	(1025)	**0**	A	*ME*	BD
977087	(34971)	**HB**	H	*WN*	HE
977942	(86467, 80251)	**E**	E	*E*	TO
977943	(86718, 80252)	**E**	E	*E*	TO
977948	(86733, 94028)	**E**	E	*E*	TO
977949	(86377, 94025)	**E**	E	*E*	TO

CLASS 390 PENDOLINO BARRIER VEHICLES

These vehicles are used to move Class 390 EMUs around the National Rail system in the same way as other vehicles included in this book. Converted from Mark 1 GUVs (NL).

977944–977946. Lot No. 30417 Pressed Steel 1958–59. B5 bogies.
977947. Lot No. 30565 Pressed Steel 1959. B5 bogies.

977944	(86151, 94010)	**E**	E	TO
977945	(86437, 94011)	**E**	E	TO
977946	(86106, 94024)	**E**	E	TO
977947	(86730, 94032)	**E**	E	TO

SERVICE STOCK

LABORATORY, TESTING & INSTRUCTION COACHES

These coaches are used for research, development, instruction, testing and inspection on the National Rail system. Many are fitted with sophisticated technical equipment.

Non-Standard Livery: 975000 is in BR research white and red with a grey stripe.

Laboratory Coach. Converted from BR Mark 1 RSO. Lot No. 30014 York 1950–51. B4 bogies.

975000 (1003)　　　　　　　**O**　　AE　　　　　ZA

Structure Gauging Driving Trailer Coach. Converted from BR Mark 1 BSK. Lot No. 30699 Wolverton 1961–63. B4 bogies.

975081 (35313)　　　　　　**RK**　　NR　　*SO*　　ZA

Overhead Line Equipment Test Coach. Can either be locomotive hauled or included between DMU vehicles 977391/2. Converted from BR Mark 1 BSK Lot No. 30142 Gloucester 1954–5. B4 bogies.

975091 (34615)　　　　　　**Y**　　NR　　*SO*　　ZA

Structure Gauging Train Dormitory and Generator Coach. Converted from BR Mark 1 BCK Lot No. 30732 Derby 1962–4. B4 bogies.

975280 (21263)　　　　　　**RK**　　NR　　*SO*　　ZA

Test Coach. Converted from BR Mark 2 FK Lot No. 30734 Derby 1962–64. B4 bogies.

975290 (13396)　　　　　　**SO**　　SO　　*SO*　　ZA

Test Coach. Converted from BR Mark 1 BSK Lot No. 30699 Wolverton 1961–63. Commonwealth bogies.

975397 (35386)　　　　　　**SO**　　SO　　*SO*　　ZA

Cinema Coach. Converted from BR Mark 1 TSO Lot No. 30243 York 1955–57. BR Mark 1 bogies.

975403 (4598)　　　　　　　**FG**　　FG　　*GW*　　PM

Test Coach. Converted from BR Mark 1 BSK Lot No. 30223 Charles Roberts 1955–56. B5 bogies.

975422 (34875)　　　　　　**SO**　　SO　　*SO*　　ZA

New Measurement Train Conference Coach. Converted from prototype HST TF Lot No. 30848 Derby 1972. BT10 bogies.

975814 (11000,41000)　　　**Y**　　NR　　*SO*　　ZA

New Measurement Train Lecture Coach. Converted from prototype HST TRUB Lot No. 30849 Derby 1972–3. BT10 bogies.

975984 (10000, 40000)　　　**Y**　　NR　　*SO*　　ZA

SERVICE STOCK 101

High Speed Track Recording Train Generator Coach. Converted from Class 438 driving trailer. Lot No. 30764 York 1965–67, which in turn had been converted from BR Mark 1 TSO Lot No. 30149 Swindon 1956–57. B5 (SR) bogies.

977335 (4005, 76277)   **S0**   *SO*

High Speed Track Recording Train Dormitory Coach. Converted from BR Mark 2 BSO. Lot No 30757 Derby 1965–66. B4 bogies.

977337 (9395)   **S0**   NR   *SO*   ZA

High Speed Track Recording Train Brake & Stores Coach. Converted from Mark 2 BSO. Lot No. 30757 Derby 1965–66. B4 bogies.

977338 (9387)   **S0**   SO   *SO*   ZA

Test Train Staff and Dormitory Coach. Converted from BR Mark 3 SLEP. Lot No. 30960 Derby 1979–83. BT10 bogies.

977855 (10576)   **S0**   NR   ZA

Radio Equipment Survey Coaches. Converted from BR Mark 2E TSO. Lot No. 30844 Derby 1972–73. B4 bogies.

977868 (5846)   **RK**   NR   *SO*   ZA
977869 (5858)   **Y**   NR   *SO*   ZA

New Measurement Train Laboratory Coach. Converted from BR Mark 2E TSO. Lot No. 30844 Derby 1972–73. B4 bogies.

977974 (5854)   **Y**   AE   *SO*   ZA

Hot Box Detection Coach. Converted from BR Mark 2F FO converted to Class 488/2 EMU TFOH. Lot No. 30859 Derby 1973–74. B4 bogies.

977983 (3407, 72503)   **RK**   NR   *SO*   ZA

New Measurement Train Staff Coach. Converted from HST TRFK. Lot No. 30884 Derby 1976–77. BT10 bogies.

977984 (40501)   **Y**   P   *SO*   ZA

Structure Gauging Train Coach. Converted from BR Mark 2F TSO converted to Class 488/3 EMU TSO. Lot No. 30860 Derby 1973–74. B4 bogies.

977985 (6019, 72715)   **RK**   NR   *SO*   ZA

Structure Gauging Train Coach. Converted from BR Mark 2D FO subsequently declassified to SO and then converted to exhibition van. Lot No. 30821 Derby 1971.

977986 (3189, 99664)   **Y**   NR   *SO*   ZA

Inspection Coach. Converted from BR Inspection Saloon. BR Wagon Lot No. 3095. Swindon 1957. B4 bogies.

999506 AMANDA   **M**   NR   *SO*   ZA

Track Recording Coach. Converted from BR Inspection Saloon. BR Wagon Lot No. 3379. Swindon 1960. B4 bogies.

999508   **S0**   SO   *SO*   ZA

102   SERVICE STOCK

New Measurement Train Track Recording Coach. Purpose built Mark 2. B4 bogies.

999550   **Y**   NR   *SO*   ZA

TEST TRAIN BRAKE FORCE RUNNERS

These vehicles are included in test trains to provide brake force and are not used for any other purposes. Other vehicles included in this book may also be similarly used on a temporary basis if required. Converted from BR Mark 1 BSK, SK, TSO, FK and BR Mark 2 TSO, BFKs.

977331. Lot No. 30721 Swindon 1961–63. B4 bogies.
977468/470/801/2. Lot No. 30751 Derby 1964–7. B4 bogies.
977788/94. Lot No. 30823 Derby 1969–72. B4 bogies.
977789. Lot No. 30837 Derby 1971–72. B4 bogies.
977790/1/2/6. Lot No. 30844 Derby 1972–73. B4 bogies.
977793. Lot No. 30795 Derby 1969–70. B4 bogies.
977905. Lot No. 30573 GRCW 1959–60. B4 bogies.
977971. Lot No. 30690 Wolverton 1961–62. Commonwealth bogies.
977972/973. Lot No. 30667 Swindon 1962. Commonwealth bogies.
977982. Lot No. 30685 Derby 1960–62. Commonwealth bogies.

Non-Standard Liveries: 977788–94 are Adtranz White with yellow stripe. 977321 and 977796 are olive with yellow stripe.

977331	(35444)	**O**	H		BR
977468	(5169)	**SO**	SO	*SO*	ZA
977470	(5134)	**SO**	SO	*SO*	ZA
977788	(14157, 17157)	**O**	BT	*E*	ZF
977789	(5765)	**O**	BT	*E*	ZF
977790	(5830)	**O**	BT	*E*	ZF
977791	(5855)	**O**	BT	*E*	ZF
977792	(5856)	**O**	BT	*E*	ZF
977793	(5596)	**O**	BT	*E*	ZF
977794	(14139, 17139)	**O**	BT	*E*	ZF
977796	(5898)	**O**	H		ZH
977801	(5153)	**SO**	SO	*SO*	ZA
977802	(5176)	**SO**	SO	*SO*	ZA
977905	(35292, 80215)	**SO**	SO	*SO*	ZA
977971	(4939)		SO	*SO*	ZA
977972	(13318)		SO	*SO*	ZA
977973	(13341)	**WR**	SO	*SO*	ZA
977982	(25729, 18729)	**CH**	SO	*SO*	ZA

BREAKDOWN TRAIN COACHES

These coaches are formed in trains used for the recovery of derailed railway vehicles and were converted from BR Mark 1 BCK, BG, BSK and SK. The current use of each vehicle is given. 975611–613 were previously converted to trailer luggage vans in 1968. BR Mark 1 bogies.

975080. Lot No. 30155 Wolverton 1955–56.

SERVICE STOCK

975087. Lot No. 30032 Wolverton 1951–52.
975463/573. Lot No. 30156 Wolverton 1954–55.
975465/477/494. Lot No. 30233 GRCW 1955–57.
975471. Lot No. 30095 Wolverton 1953–55.
975481/482/484/574. Lot No. 30141 GRCW 1954–55.
975498. Lot No. 30074 Wolverton 1953–55.
975611–613. Lot No. 30162 Pressed Steel 1954–57.
975639, 977088/235. Lot No. 30229 Metro-Cammell 1955–57.
977095/107. Lot No. 30425 Metro-Cammell 1956–58.

975080	(25079)	r	Y	NR	E	TO	Tool Van
975087	(34289)	r	**NR**	NR	E	LU	Generator Van
975463	(34721)	r	Y	NR	E	TE	Staff Coach
975465	(35109)	r	Y	NR	E	TO	Staff Coach
975471	(34543)	r	**NR**	NR	E	LU	Staff & Tool Coach
975477	(35108)	r	**NR**	NR	E	LU	Staff Coach
975481	(34606)	r	Y	NR	E	TO	Generator Van
975482	(34602)	r	Y	NR	E	TE	Generator Van
975484	(34591)		Y	DR		CS	Generator Van
975494	(35082)	r	Y	NR	E	CF	Generator Van
975498	(34367)	r	Y	NR	E	TE	Tool Van
975573	(34729)	r	Y	NR	E	CF	Staff Coach
975574	(34599)	r	Y	NR	E	OC	Staff Coach
975611	(80915, 68201)	r	Y	NR	E	OC	Generator Van
975612	(80922, 68203)	r	Y	NR	E	CF	Tool Van
975613	(80918, 68202)	r	Y	NR	E	OC	Tool Van
975639	(35016)		Y	DR		CS	Tool Van
977088	(34990)		Y	NR	E	CD	Generator Van
977095	(21210)		Y	DR		CS	Staff Coach
977107	(21202)		Y	NR	E	CD	Staff Coach
977235	(34989, 083172)		Y	NR	E	CD	Tool Van

Note: 975087/471/477 are currently in use on the Southern Region Power upgrade project.

INFRASTRUCTURE MAINTENANCE COACHES

Overhead Line Maintenance Coaches

These coaches are formed in trains used for the maintenance, repair and renewal of overhead lines and were converted from BR Mark 1 BSK, CK and SK. The current use of each vehicle is given.

Non-standard livery: 975697/698/713/723/733/743 are light grey with red stripe, 975699/700/714/724/734/744 are light grey with blue stripe.

975697/698, 975700. Lot No. 30025 Wolverton 1950–52. BR Mark 1 bogies.
975699. Lot No. 30233 GRCW 1955–57. BR Mark 1 bogies.
975713/744. Lot No. 30350 Wolverton 1956–57. BR Mark 1 bogies.
975714. Lot No. 30374. York 1958. Commonwealth bogies.
975723/743. Lot No. 30349 Wolverton 1956–57. BR Mark 1 bogies.
975724. Lot No. 30471 Metro-Cammell 1957–59. Commonwealth bogies.
975733. Lot No. 30351 Wolverton 1956–57. BR Mark 1 bogies.

975734. Lot No. 30426 Wolverton 1956–58. BR Mark 1 Bogies.

975697	(34147)	r	**0**	CA *CA*	RU	Pantograph coach
975698	(34148)	r	**0**	CA *CA*	RU	Pantograph coach
975699	(35105)	r	**0**	CA *CA*	Preston	Pantograph coach
975700	(34138)	r	**0**	CA *CA*	Preston	Pantograph coach
975713	(25420)	r	**0**	CA *CA*	RU	Stores van
975714	(25466)	r	**0**	CA *CA*	Preston	Stores van
975723	(25388)	r	**0**	CA *CA*	RU	Stores & generator van
975724	(16079)	r	**0**	CA *CA*	Preston	Stores & generator van
975733	(16001)	r	**0**	CA *CA*	RU	Stores & roof access coach
975734	(25695)	r	**0**	CA *CA*	Preston	Stores & roof access coach
975743	(25358)	r	**0**	CA *CA*	RU	Staff & office coach
975744	(25440)	r	**0**	CA *CA*	Preston	Staff & office coach

Snowblower Train Coaches

These coaches work with Snowblower ADB 968501. They were converted from BR Mark 1 BSK. The current use of each vehicle is given. Commonwealth bogies.

975464. Lot No. 30386 Charles Roberts 1956–58.
975486. Lot No. 30025 Wolverton 1950–52.

975464	(35171)	**Y**	NR *E*	ZK	Staff & dormitory coach
975486	(34100)	**Y**	NR *E*	ZK	Tool van

Snowblower Train Tool Vans

These vans work with Snowblower ADB 968500.

200715. Wagon Lot No. ?   ?   ? . 4-wheeled.
787395. Wagon Lot No. 3567 Eastleigh 1966. 4-wheeled.

200715		**Y**	NR *E*	IS
787395		**Y**	NR *E*	IS

Severn Tunnel Emergency Train Coaches

These coaches are formed in a train used in the event of incidents in the Severn Tunnel. They were converted from BR Mark 1 BSK & BG. The current use of each vehicle is given. 975615 was previously converted to a trailer luggage van in 1968.

975497. Lot No. 30427 Wolverton 1956–59. BR Mark 1 bogies.
975615. Lot No. 30162 Pressed Steel 1954–57. BR Mark 1 bogies.
977526. Lot No. 30229 Metro-Cammell 1955–57. Commonwealth bogies.

975497	(35218)	**Y**	NR *E*	Sudbrook	Tool & generator van
975615	(80951, 68206)	**Y**	NR *E*	Sudbrook	Tool van
977526	(35010)	**BG**	NR *E*	Sudbrook	Emergency casualty coach

Spray Coaches

These coaches are used to spray various concoctions onto the rails or trackbed. In addition to spraying equipment they contain storage tanks.

99019. Lot No. 30702 Wolverton 1961–62. Commonwealth bogies.
99025/26. Lot No. 30565 Pressed Steel 1959. B5 bogies.

SERVICE STOCK 105

99027. Lot No. 30417 Pressed Steel 1958–59. B5 bogies.

99019	(1870)	**RO**	NR	*SO*	ZA
99025	(86744, 96103)	**RK**	NR	*E*	ZA
99026	(86745, 96211)	**RK**	NR	*E*	ZA
99027	(86331, 96214)	**RK**	NR	*E*	ZA

Miscellaneous Infrastructure Coaches

These coaches are used for various infrastructure projects on National Rail.

977163/165/166. Lot No. 30721 Wolverton 1961–63. Commonwealth bogies.
977167. Lot No. 30699 Wolverton 1961–63. Commonwealth bogies.
977168. Lot No. 30573 GRCW 1959–60. B4 bogies.
977169. Lot No. 30232 GRCW 1955–56. B4 bogies.
977591. Lot No. 30756 Derby 1965–66. B4 bogies.
977787. Lot No. 30820 Derby 1969–71. B4 bogies.
977922/923. Wagon Lot No. 3472 Ashford 1963. 4-wheeled.
977989. Lot No. 30960 Derby 1981–83. BT 10 bogies.
977990. Lot No. 30228 Metro-Cammell 1957-58. B4 bogies.
977991. Lot No. 30323 Pressed steel 1957. B4 bogies.

Non-standard liveries:

977163/165–168 are all over white.
977591 is red and yellow.
977922/923 are light blue.

977163	(35487)	**O**	BB	*BB*	AP	Staff & generator coach
977165	(35408)	**O**	BB	*BB*	AP	Staff & generator coach
977166	(35419)	**O**	BB	*BB*	AP	Staff & generator coach
977167	(35400)	**O**	BB	*BB*	AP	Staff & generator coach
977168	(35289)	**O**	BB	*BB*	AP	Staff & generator coach
977169	(35027)	**E**	E		OC	Staff & tool coach
977591	(14033, 17033)	**O**	E	*E*	Newport	Staff & tool coach
977787	(9453)	**CE**	NR		DY	Staff, tool & generator coach
977922	(787245)	**O**	J		Doncaster Roberts Road	Staff van
977923	(787253)	**O**	J		Doncaster Roberts Road	Staff van
977989	(10536)	**M**	J	*J*	Washwood Heath	Staff & Dormitory Coach
977990	(81165, 92937)	**NR**	NR	*E*	LU	Tool Van
977991	(81308, 92991)	**NR**	NR	*E*	LU	Tool Van

10. NPCCS AWAITING DISPOSAL

This list contains the last known locations of NPCCS vehicles awaiting disposal. The definition of which vehicles are "awaiting disposal" is somewhat vague, but generally speaking these are vehicles of types not now in normal service or vehicles which have been damaged by fire, vandalism or collision.

Number	Location
230	Horsham Yard
80330	Bristol Pylle Hill
80336	Bristol East Yard
80338	Bristol East Yard
80865	Hornsey Sand Terminal
82221	ZF
84197	Worksop Down Yard
84364	Doncaster West Yard
84387	Crewe South Yard
84519	Crewe South Yard
92193	Preston Carriage Sidings
92198	ZB
92234	TO
92238	TO
92303	OC
92306	Oxford Hinksey Yard*
92311	Crewe South Yard
92314	Crewe South Yard
92321	FP
92325	Oxford Hinksey Yard*
92333	Oxford Hinksey Yard*
92341	Oxford Hinksey Yard*
92347	DY
92350	OC
92353	Oxford Hinksey Yard*
92357	Oxford Hinksey Yard*
92363	Crewe South Yard
92384	Crewe South Yard
92400	Crewe South Yard
92401	Oxford Hinksey Yard*
92402	Oxford Hinksey Yard*
92404	CL
92410	Crewe South Yard
92412	Crewe South Yard
92413	Crewe South Yard
92872	Crewe South Yard
92873	Oxford Hinksey Yard*
93180	Derby South Dock Siding
93234	Hayes & Harlington
93446	Crewe South Yard
93482	Bedford Civil Engineers Sdgs
93542	Hayes & Harlington
93579	DY
93723	Bletchley T&RSMD
93930	Crewe South Yard
94027	FP
95128	Crewe South Yard
95129	Crewe South Yard
95227	Oxford Hinksey Yard*
95228	NC
95230	TO
95366	Bristol East Yard
96177	CP
99014	Horsham Yard
99015	Horsham Yard
99645	FP
99646	FP
99648	Eastleigh East Yard
150144	Bristol East Yard
320645	York Leeman Road
321047	Temple Mills Yard
395896	Wavertree Yard
975046	ZA
975051	Crewe South Yard
975071	Heaton ECD
975076	ZA
975379	York Leeman Road
975454	TO
975456	Horsham Yard
975491	TO
975535	Carnforth Bottom End Sidings
975550	Doncaster Hexthorpe Sidings
975551	Doncaster Hexthorpe Sidings
975552	Doncaster Hexthorpe Sidings
975554	Doncaster West Yard
975555	Doncaster West Yard
975557	Carstairs
975558	Carstairs
975559	Carstairs
975638	Horsham Yard
975658	York South Sidings
975680	Carstairs
975681	Portobello
975682	Portobello
975683	Carstairs
975684	Carstairs

NPCCS AWAITING DISPOSAL

975685	Portobello	975769	Doncaster Hexthorpe Sidings
975686	Portobello	975797	Heaton ECD
975687	Portobello	975966	Three Bridges WRD
975688	Portobello	975991	Crewe South Yard
975691	Doncaster Hexthorpe Sidings	975995	Wolverhampton Low Level Stn
975701	Preston Dock Street Sidings	977077	Ripple Lane WRD
975702	Preston Dock Street Sidings	977084	Crewe South Yard
975703	Rugby OTPD	977085	Crewe South Yard
975704	Rugby OTPD	977111	Ripple Lane WRD
975706	Oxford Hinksey Yard*	977112	Ripple Lane WRD
975710	Doncaster Hexthorpe Sidings	977182	Eastleigh Down CS
975715	Preston Dock Street Sidings	977183	Eastleigh Down CS
975717	Oxford Hinksey Yard*	977193	Crewe South Yard
975720	Doncaster Hexthorpe Sidings	977359	ZN
975721	Doncaster West Yard	977390	Crewe South Yard
975725	Preston Dock Street Sidings	977399	NL
975727	Oxford Hinksey Yard*	977449	Crewe South Yard
975730	Doncaster Hexthorpe Sidings	977450	Crewe South Yard
975735	Preston Dock Street Sidings	977510	FP
975737	Oxford Hinksey Yard*	977595	Crewe South Yard
975740	Doncaster Hexthorpe Sidings	977618	Bletchley T&RSMD
975745	Preston Dock Street Sidings	977695	Eastleigh Down CS
975747	Oxford Hinksey Yard*	977726	Wavertree Yard
975750	Doncaster Hexthorpe Sidings	977795	ZN
975757	Doncaster Hexthorpe Sidings	977908	NC
975761	Doncaster Hexthorpe Sidings		

* In use as environmental sound protection barrier.

11. CODES

11.1. LIVERY CODES

Coaching stock vehicles are in Inter City (light grey/red stripe/white stripe/dark grey) livery unless otherwise indicated. The colour of the lower half of the bodyside is stated first.

- **AL** Advertising livery (see class heading for details).
- **AR** Anglia Railways (turquoise blue with a white stripe).
- **AV** Arriva Trains (turquoise blue with white doors).
- **B** BR blue.
- **BG** BR blue & grey lined out in white.
- **CE** BR Civil Engineers (yellow and grey withblack window surrounds).
- **CH** BR Western Region/GWR (chocolate & cream lined out in gold).
- **CS** ScotRail Caledonian Sleepers (two-tone purple with silver stripe).
- **DR** Direct Rail Services (dark blue with light blue or dark grey roof).
- **E** English Welsh & Scottish Railway (maroon bodyside & roof with gold band).
- **EP** European Passenger Services (two-tone grey with dark blue roof).
- **FG** First Group corporate Inter-City livery (indigo blue with a white roof & gold, pink & white stripes)
- **FP** First Great Western (green & ivory with thin green & broad gold stripes).
- **G** BR Southern Region/SR green.
- **GC** British racing green & cream lined out in gold.
- **GN** Great North Eastern Railway (dark blue with a red stripe).
- **HB** HSBC Rail (Oxford blue & white)
- **K** Black.
- **LN** LNER Tourist (green & cream).
- **M** BR maroon (Maroon lined out in straw & black).
- **MA** Maintrain (light blue).
- **MM** Old Midland Mainline (Teal green with grey lower body sides & three tangerine stripes).
- **MN** New Midland Mainline (Thin tangerine stripe on the lower bodyside, ocean blue, grey & white).
- **N** BR Network South East (white & blue with red lower bodyside stripe, grey solebar).
- **NB** Provincial services (As RR but with the red stripe repainted blue).
- **NR** Network Rail (blue with a red stripe.)
- **O** Non standard livery (see class heading for details).
- **P** Porterbrook Leasing Company (purple & grey or white).
- **PC** Pullman Car Company (umber & cream with gold lettering) lined out in gold.
- **R** Plain red.
- **RK** Railtrack (green and blue or plain blue).
- **RM** Royal Mail (red with yellow stripes above solebar).
- **RP** Royal Train (claret, lined out in red & black).
- **RR** Regional Railways (dark blue/grey with light blue & white stripes).
- **RO** Old Railtrack (orange with white & grey stripes).
- **RV** Riviera Trains (Oxford blue & cream, lined out in gold).
- **RX** Rail Express Systems (dark grey & red with or without blue markings).
- **RY** BR Parcels sector (red with yellow stripes above solebar).

CODES

SO Serco Railtest (red & grey).
V Virgin Trains (red with black doors extending into bodysides, three white lower bodyside stripes.
VN Venice Simplon Orient Express 'Northern Belle' (crimson lake & cream).
WR Waterman Railways (maroon with cream stripes).
WV Waterman Railways VIP (West Coast Joint Stock-style lined purple lake).
Y Plain Yellow.

11.2. OWNER CODES

24	6024 Preservation Society
62	The Princess Royal Locomotive Trust
A	Angel Train Contracts
AE	AEA Technology Rail
B1	Thompson B1 Locomotive Society
BB	Balfour Beatty Rail Plant
BK	The Scottish Railway Preservation Society
BT	Bombardier Transportation
CA	Carillion Rail Plant
CD	Cotswold Rail
DR	Direct Rail Services
E	English Welsh & Scottish Railway
ER	Eastleigh Railway Preservation Society
EU	Eurostar (UK)
FG	First Great Western
FR	Fragonset Railways
FS	Flying Scotsman Railways
GS	The Great Scottish & Western Railway Company
GW	The Great Western Society
H	HSBC Rail (UK)
HN	Harry Needle Railroad Company
IR	Ian Riley Engineering
J	Jarvis Rail
LW	London & North Western Railway Company
MH	Mid-Hants Railway
MA	Maintrain
MN	Merchant Navy Locomotive Preservation Society
NE	North Eastern Locomotive Preservation Group
NM	National Railway Museum
NR	Network Rail
P	Porterbrook Leasing Company
RA	Railfilms
RP	Rampart Carriage & wagon Works
RV	Riviera Trains
SA	Sea Containers Rail Services
SH	Scottish Highland Railway Company
SM	Siemens Transportation
SO	Serco Railtest
SV	Severn Valley Railway
VS	Venice-Simplon Orient Express
VT	Vintage Trains
WC	West Coast Railway Company
WT	Wessex Trains

11.3. OPERATOR CODES

The two letter operating codes give the use to which the vehicle is at present put. For vehicles in regular use, this is the code for the train operating company For other vehicles the actual type of use is shown. If no operating code is shown then the vehicle is not at present in use.

AE	AEA Technology Rail	ME	Merseyrail Electrics
AN	Arriva Trains Northern	MM	Midland Mainline
AR	Anglia Railways	MR	Midland Mainline (Rio services)
AW	Arriva Trains Wales	RP	Royal Train
BB	Balfour Beatty Rail	SO	Serco Railtest
CA	Carillion Rail	SR	ScotRail
CT	Central Trains	SS	Used normally on special or charter passenger services
DR	Direct Rail Services		
E	English Welsh & Scottish Railway	SW	South West Trains
EU	Eurostar (UK)	VL	Wales & Borders (Valley Lines business unit)
FL	Freightliner		
GN	Great North Eastern Railway	VW	Virgin West Coast
GW	First Great Western	WB	Wales & Borders Trains
H	HSBC Rail	WN	WAGN
J	Jarvis Rail	WX	Wessex Trains
LS	Locomotive support coach		

11.4. ALLOCATION & LOCATION CODES

Code	Depot	Operator
AP*	Ashford Rail Plant	Balfour Beatty Rail Plant
BD	Birkenhead North	Merseyrail Electrics
BH	Barrow Hill (Chesterfield)	Barrow Hill Engine Shed Society
BK	Bristol Barton Hill	EWS
BN	Bounds Green (London)	GNER
BQ	Bury (Greater Manchester)	East Lancashire Railway
BR*	MoD DSDC Bicester	Ministry of Defence
BT	Bo'ness (West Lothian)	Bo'ness & Kinneil Railway
CD	Crewe Diesel	EWS.
CF	Cardiff Canton	Wales & Borders/EWS
CJ	Clapham Yard (London)	South West Trains
CL	Carlisle Upperby (closed)	*Storage location only*
CO	Cranmore (Somerset)	East Somerset Railway
CP	Crewe Carriage	London & North Western Railway Co.
CS	Carnforth	West Coast Railway Company
CT*	MoD Caerwent AFD (Chepstow)	Ministry of Defence
DI	Didcot Railway Centre	Great Western Society
DY	Derby Etches Park	Maintrain
EC	Edinburgh Craigentinny	GNER
ER	Exeter Riverside Yard	*Storage location only*
EN	Euston Downside (London)	EWS
FP	Ferme Park sidings	GNER
GW	Shields Road (Glasgow)	ScotRail/Alstom
HE	Hornsey	West Anglia Great Northern
HM	Healey Mills (Wakefield)	EWS
IS	Inverness	ScotRail

CODES 111

KM	Carlisle Kingmoor	Direct Rail Services
KR	Kidderminster	Severn Valley Railway
KT	MoD Kineton (Warwickshire)	Ministry of Defence
LA	Laira (Plymouth)	First Great Western
LC	Lancastrian C&W Company, Heysham	Lancastrian C&W Company
LT	MoD Longtown (Cumbria)	Ministry of Defence
LU	MoD Ludgershall	Ministry of Defence
MA	Manchester Longsight	West Coast Traincare
ML	Motherwell	EWS
MM	Fire Service College, Moreton-in-Marsh	Cotswold Rail
NC	Norwich Crown Point	Anglia Railways
NL	Neville Hill (Leeds)	Arriva Trains Northern/Maintrain
NP	North Pole International (London)	Eurostar (UK)
NT	Northam (Southampton)	Siemens/South West Trains
NY	Grosmont (North Yorkshire)	North Yorkshire Moors Railway
OC	Old Oak Common locomotive (London)	EWS
OM	Old Oak Common carriage (London)	Riviera Trains
OO	Old Oak Common HST (London)	First Great Western
OY	Oxley (Wolverhampton)	West Coast Traincare
PM	St. Philips Marsh (Bristol)	First Great Western
PQ	Harwich Parkeston Yard	*Storage location only*
PY	MoD DERA Shoeburyness	Ministry of Defence
PZ	Penzance	First Great Western
RL	Ropley (Hampshire)	Mid-Hants Railway
RU*	Rugby Rail Plant	Carillion Rail Plant
SI	Soho (Birmingham)	Maintrain
SK	Swanwick Junction (Derbyshire)	Midland Railway-Butterley
SL	Stewarts Lane (London)	Gatwick Express/VSOE
SO	Southall (Greater London)	Flying Scotsman Railways
TE	Thornaby	EWS
TM	Tyseley Locomotive Works	Birmingham Railway Museum
TO	Toton	EWS
WE	Willesden Brent sidings	*Storage location only*
XW	Crofton	Bombardier Transportation
YK	National Railway Museum (York)	Science Museum
ZA	RTC Business Park (Derby)	Serco/AEA Technology
ZB	Doncaster Works	Wabtec
ZC	Crewe Works	Bombardier Transportation
ZD	Derby, Litchurch Lane Works	Bombardier Transportation
ZF	Doncaster Works	Bombardier Transportation
ZG	Eastleigh Works	Alstom UK
ZH	Springburn Works (Glasgow)	Alstom UK
ZI	Ilford Works	Bombardier Transportation
ZK	Kilmarnock Works	Hunslet-Barclay
ZN	Wolverton Works	Alstom UK
ZP	Horbury Works (Wakefield)	Bombardier Transportation

* = unofficial code.

ABBREVIATIONS

AFD	Air Force Department
C&W	Carriage & Wagon
DERA	Defence Evaluation & Research Agency
DSDC	Defence Storage & Distribution Centre

PLATFORM 5 MAIL ORDER

GERMAN RAILWAYS 4TH EDITION PART 1: DB LOCOMOTIVES & MULTIPLE UNITS

German Railways Part 1 contains a full listing of all DB locomotives, multiple units and railcars, with depot allocations and liveries for every vehicle. Also includes technical data, plus a full list of depots and workshops.

The book has been completely revised and updated to include the many changes that have taken place since the last edition was published in 1993. Also includes a series of colour maps of the German railway network and 32 pages of colour illustrations. 176 pages. **£16.95.**

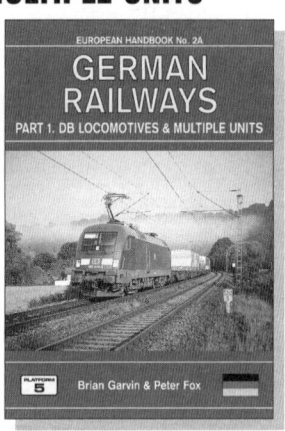

OTHER PLATFORM 5 EUROPEAN HANDBOOKS AVAILABLE:

No. 1 Benelux Railways (2000)	£14.50
No. 3 Austrian Railways (1995)	£10.50
No. 4 French Railways (1999)	£14.50
No. 5 Swiss Railways (1997)	£13.50
No. 6 Italian Railways (1996)	£13.50

Please add postage: 10% UK, 20% Europe, 30% Rest of World.

Telephone, fax or send your order to the Platform 5 Mail Order Department. See inside front cover of this book for details.